リック式「右脳」メソッド

ヤバいくらい使える

英会話 基本動詞

40
リック西尾

リーディング

1回読み通したらワンチェック。

1	2 「40回に挑戦!!」	3	4
9	10	11	12
17	18	19	20
25	26	27	28
33	34	35	36

チェック チャート

さあ40回のリーディングに挑戦!!

5	6	7	8
13	14	15	16
21	22	23	24
29	30	31	32
37	38	39	40

ゴールおめでとう!!

まえがき

■基本動詞は日常会話の中心

　まずは、皆さんに質問です。皆さんは、以下の基本動詞をきちんと使いこなす自信はありますか。

have　take　get　put　make　keep

たぶん、NOという答えが返ってきそうです。

　英語圏内における日常の会話では、頻繁に基本動詞が使われています。それは、基本動詞が英会話の中心的役割を果たしていることを意味しています。ですから、**基本動詞のマスターは、英会話習得の基礎**であり、絶対にマスターしなければならないものなのです。
　しかし、今まで学校で英語を学んできた皆さんは、案外、基本動詞の活用を苦手にしています。なぜでしょうか。
　その理由は簡単です。日本の学校における英語の授業は、十分な日常会話のトレーニングを積むこともないまま、足早に進行していきます。そのため、皆さんは、授

業の中で基本動詞を十分に学習する機会がなかったのです。

　また、基本動詞そのものは簡単でも、その動詞に前置詞などがついてイディオムが形成されると、様々な意味をもつようになります。そのイディオムの数はとても多く、英会話のマスターを目指す学習者にとって、大変な負担となります。そのため、ついついその学習を敬遠してしまうのです。

　しかし、もしも、ここで皆さんが基本動詞の習得を回避したままでいるならば、英会話のマスターは永遠に不可能であることを知らなければなりません。逆にいえば、**基本動詞をきちんとマスターすれば、日常会話の表現力は飛躍的にアップし、ネイティブのレベルに近づくことができます。**

　ところが、いざ基本動詞を徹底的にマスターしようと思い立っても、その要求にこたえてくれる、適当な教材が数少ないというのが現実です。そこで、皆さんの要望を満たすために、この本をつくりました。本書は、皆さんが負担を感じることなく、できるだけ容易に基本動詞をマスターできるようにしました。

　本書では、**代表的な40の基本動詞をピックアップし、**

単語の基本的な意味から、日常会話でよく使われる構文、イディオムを抽出し、一冊にまとめました。

また、本書は、右脳を活用して効率よく学習できるように、英文をなるべく現在形の短いセンテンスにして、速いテンポで読み進められるように工夫をこらしています。そして、自分のこととして学べるように、人称はできるだけ一人称の「I（私）」に統一しました。これは、第三者として客観的に学ぶより、主観的に学んだほうが、学習の効果がより大きいからです。

センテンスを極力短くしているため、実際の会話としては、内容が不十分であるケースが多くあります。しかし、これは、**何度も反復して学習することを優先させているためです**。実際の会話として使いこなすためには、本書以外で多くの例文にふれる必要があります。そのことをわきまえたうえで、本書で学習してください。

■本書の活用について

皆さんは、中学・高校と少なくとも6年間、英語を学習してきました。しかし、皆さんのうちの大半は、簡単な英会話すらできないのが現実です。その原因の一つは、**日本の従来の英語教育が、英語を日本語に翻訳することを中心に行われてきたからです**。

その結果、皆さんは、英語を聞いたり読んだりしたとき、一度日本語に変換してからでないと、その意味を理解できなくなってしまっています。また、英語を話すときも、日本語で考えて、それを英語に変換しないと話すことができません。そんなおかしなクセが身についてしまっているのです。

　皆さんが日本語を聞いたり話したりするとき、いちいち日本語を別の言語に変換して、その意味を理解しているでしょうか。そんな複雑なことはしていません。日本語を日本語のまま無条件に理解しています。

　それは英語も同じです。つまり、**英語を英語のまま理解することが、本来の言語習得の方法なのです。**

　本書では、言語脳である左脳だけでなく、イメージ脳である右脳を活用して、英語を英語のまま理解し習得することが最終的な目的です。しかし、最初から英語のまま理解することは不可能です。

　まずは英文を読み、そのつど日本語を見て意味を理解していきます。それを何度も反復する過程で、英語を英語のまま理解できるように努めてください。英文を読む際には、**黙読せず、できるだけ声に出して音読してください。**声に出して英語を読まないと、英語を発声する神

経回路が脳に形成されないからです。

　頭のいい人に限って、2〜3回の反復で英語を覚えてしまおうとしがちですが、語学の学習では、それは無理なことです。**何度も反復することの意義を理解して、反復に専念してください。**

　語学の習得において、反復は必要な手段であり、絶対的な条件なのです。あえて覚えようと努力しなくても、反復を繰り返す過程で脳に英語の回路が形成され、自然に英語をマスターすることができます。

　また英文の音声も用意しています。音声データの取得はPCやスマホからダウンロードできます。

※ダウンロードは10ページ及び表紙の袖に記載された方法に従ってください。

　従来の暗記法では、読んで目で覚えるという視覚だけに頼る傾向がありました。しかしこのメソッドは英語を自由に使いこなすことが目的です。**英語の音声を耳で聞き、口を使って発音するという、目・耳・口をバランス良く活用しながら基本動詞をマスターしてください。**

　私たちは「I love you.」を「私はあなたを愛しています」と日本語に翻訳しなくても理解できます。耳で英語の音声を聞いて、日本語に翻訳しなくても、英語のまま理解できるレベルまで繰り返してください。

本書の音読とヒアリングを何度も繰り返すことで、基本動詞が確実に記憶に定着していることを実感しているはずです。また自然と口をついて基本動詞を使いこなしている自分を発見することでしょう。
　みなさんが、むずかしいと考えていた基本動詞の活用を、本書によって無理なく容易にマスターされることを心より願っています。

リック西尾

■2倍速、3倍速、4倍速でチャレンジしてみよう！

　最初は通常のスピードで英文を聞き、声に出して下さい。少し慣れてきたら2倍速でチャレンジして下さい。それにも慣れてきたら3倍速に、さらに4倍速にまでチャレンジして下さい。

　やっているうちに自意識が薄れ、情報が右脳に定着しやすくなります。右脳に定着した英語の情報が左脳につながれば、いつでも理解し表現ができるようになります。そして自然に英語が口から出てくるようになります。

　このチャレンジの過程で、日本語という振動数の低い言語に慣れ切っていた聴覚が鋭くなってくるの

が分かります。聴覚が敏感になることによって、振動数の高い英文を聞き取る力が高まります。

　試しに、高速に慣れてきたら、少しスピードを下げてみてください。以前は聞きにくかった英文がハッキリ聞こえ、いつの間にか右脳に定着しているのが実感できるはずです。

《音声データ　ダウンロードの方法》

本書の英文の音声は、パソコン・スマホ・
タブレット端末のいずれでも無料で
ご利用いただけます。
ダウンロードの詳細は、下記をご参照ください。

http://kklong.co.jp/kihondoushi/

下のQRコードからもアクセスできます。

ヤバいくらい使える
英会話 基本動詞 40

目 次

CONTENTS

リーディング チェック チャート ……………………… 2

まえがき ……………………………………………………… 4

❶ GET…基本① ……………………………………………… 16
❷ GET…基本②&構文① …………………………………… 18
❸ GET…構文② ……………………………………………… 20
❹ GET…イディオム① ……………………………………… 22
❺ GET…イディオム② ……………………………………… 24
❻ GET…イディオム③ ……………………………………… 26
❼ GET…イディオム④ ……………………………………… 28
❽ GET…イディオム⑤ ……………………………………… 30
❾ TAKE…基本① …………………………………………… 32
❿ TAKE…基本② …………………………………………… 34
⓫ TAKE…イディオム① …………………………………… 36
⓬ TAKE…イディオム② …………………………………… 38
⓭ TAKE…イディオム③ …………………………………… 40
⓮ TAKE…イディオム④ …………………………………… 42
⓯ TAKE…イディオム⑤ …………………………………… 44
⓰ HAVE…基本 ……………………………………………… 46
⓱ HAVE…構文&イディオム① …………………………… 48
⓲ HAVE…イディオム② …………………………………… 50
⓳ HAVE…イディオム③ …………………………………… 52

英会話基本動詞40

⑳ HAVE…イディオム④	54
㉑ GIVE…基本	56
㉒ GIVE…イディオム①	58
㉓ GIVE…イディオム②	60
㉔ KEEP…基本	62
㉕ KEEP…構文	64
㉖ KEEP…イディオム①	66
㉗ KEEP…イディオム②	68
㉘ PUT…基本	70
㉙ PUT…イディオム①	72
㉚ PUT…イディオム②	74
㉛ DO…基本&イディオム	76
㉜ DO…イディオム②	78
㉝ GO…基本①	80
㉞ GO…基本②&構文	82
㉟ GO…イディオム①	84
㊱ GO…イディオム②	86
㊲ GO…イディオム③	88
㊳ GO…イディオム④	90
㊴ COME…基本&構文	92
㊵ COME…イディオム①	94
㊶ COME…イディオム②	96
㊷ MAKE…基本&構文	98
㊸ MAKE…イディオム①	100
㊹ MAKE…イディオム②	102
㊺ MAKE…イディオム③	104

(46) LOOK…基本&構文 …… 106
(47) LOOK…イディオム① …… 108
(48) LOOK…イディオム② …… 110
(49) LOOK…イディオム③ …… 112
(50) SEE…基本&構文 …… 114
(51) SEE…イディオム …… 116
(52) TALK…基本&構文 …… 118
(53) TALK…イディオム …… 120
(54) SPEAK…基本 …… 122
(55) SPEAK…イディオム …… 124
(56) SAY…基本&構文 …… 126
(57) SAY…イディオム …… 128
(58) TELL…基本 …… 130
(59) TELL…イディオム …… 132
(60) CALL…基本 …… 134
(61) CALL…イディオム …… 136
(62) THINK…基本&構文 …… 138
(63) THINK…イディオム …… 140
(64) KNOW…基本&構文 …… 142
(65) KNOW…イディオム …… 144
(66) RUN…基本 …… 146
(67) RUN…イディオム① …… 148
(68) RUN…イディオム② …… 150
(69) TURN…基本&イディオム① …… 152
(70) TURN…イディオム② …… 154
(71) TURN…イディオム③ …… 156

英会話基本動詞40

- ⑫ BREAK…基本 ……………………………… 158
- ⑬ BREAK…イディオム ……………………… 160
- ⑭ SET…基本&構文 ………………………… 162
- ⑮ SET…イディオム ………………………… 164
- ⑯ PLAY…基本① …………………………… 166
- ⑰ PLAY…基本②&イディオム …………… 168
- ⑱ ASK…基本&イディオム ………………… 170
- ⑲ HEAR…基本&イディオム ……………… 172
- ⑳ FEEL…基本&イディオム ……………… 174
- ㉑ LIKE…基本&イディオム ……………… 176
- ㉒ LET…基本&イディオム ………………… 178
- ㉓ STOP…基本&イディオム ……………… 180
- ㉔ SHOW…基本&イディオム ……………… 182
- ㉕ HELP…基本&イディオム ……………… 184
- ㉖ STAND…基本&イディオム …………… 186
- ㉗ FALL…基本&イディオム ……………… 188
- ㉘ LEAVE…基本&イディオム …………… 190
- ㉙ BRING…基本&イディオム …………… 192
- ㉚ CARRY…基本&イディオム …………… 194
- ㉛ CATCH…基本&イディオム …………… 196
- ㉜ CUT…基本&イディオム ………………… 198
- ㉝ WRITE…基本&イディオム …………… 200
- ㉞ LIVE…基本&イディオム ……………… 202

GET…基本①

I **get** a watch.

I **get** a present.

I **get** a letter.

I **get** a lot of money.

I **get** her love.

I **get** a cold.

I **get** my bus.

I **get** home at seven.

I **get** him his umbrella.

Get me the newspaper.

Get the doctor.

1

☐ **get** を買う	私は、腕時計を買う
☐ **get** をもらう	私は、プレゼントをもらう
☐ **get** を受け取る	私は、手紙を受け取る
☐ **get** を手に入れる	私は、大金を手に入れる
☐ **get** を得る	私は、彼女の愛を得る
☐ **get** にかかる(病気)	私は、風邪をひく
☐ **get** に間に合う	私は、バスに間に合う
☐ **get** に着く	私は、7時に帰宅する
☐ **get** を取ってくる	私は、彼に傘を取ってくる
☐ **get** を持ってくる	新聞を持ってきてください
☐ **get** を連れてくる	医者を呼んでくれ

17

GET…基本②&構文①

I **get** the thief.

I **get** your jokes.

I don't **get** what you say.

I **get** him a watch.

I **get old**.

I **get warm**.

I **get angry**.

It is **get**ting **dark**.

I **get tired**.

I **get hurt**.

I **get lost** in the city.

2

☐ **get** を捕まえる	私は、泥棒を捕まえる
☐ **get** を理解する	私は、あなたの冗談がわかる
☐ **get** を聞き取る	私は、あなたの言うことが聞き取れない
☐ **get ~ …** ~に…を買ってあげる	私は、彼に腕時計を買ってあげる
☐ **get** ＋形容詞 になる	私は、年をとる
☐ **get** ＋形容詞 になる	私は、温まる
☐ **get** ＋形容詞 になる	私は、怒る
☐ **get** ＋形容詞 になる	暗くなりかけている
☐ **get** ＋過去分詞 になる	私は、疲れる
☐ **get** ＋過去分詞 になる	私は、怪我をする
☐ **get** ＋過去分詞 になる	私は、街の中で道に迷う

GET…構文②

I **get** him **to** go there.

I **get** him **to** turn off the radio.

I **get** my car **repaired**.

I **get** my picture **taken**.

I **get scolded**.

I **get hurt** in the knee.

He **got killed** in an accident.

I **get to** like her.

How did you **get to** know her?

You will soon **get to** love her.

Come on, let's **get** go**ing**.

3

☐ **get ~ to …** ~に…させる		私は、彼をそこへ行かせる
☐ **get ~ to …** ~に…させる		私は、彼にラジオを消してもらう
☐ **get ~+過去分詞** ~を…させる		私は、自動車を修理してもらう
☐ **get ~+過去分詞** ~を…させる		私は、写真を撮ってもらう
☐ **get +過去分詞** ~される		私は、叱られる
☐ **get +過去分詞** ~される		私は、ひざに怪我をする
☐ **get +過去分詞** ~される		彼は、事故で死んだ(殺された)
☐ **get to ~** ~するようになる		私は、彼女を好きになる
☐ **get to ~** ~するようになる		どうやって彼女と知り合いになったのですか?
☐ **get to ~** ~するようになる		あなたは、すぐに彼女を愛するようになるでしょう
☐ **get ~ing** ~をし始める		さあ、出かけよう

GET…イディオム①

I **get in** the taxi.

I **get into** the taxi.

I **get on** the train.

I **get out of** the taxi.

I **get off** the train.

I **get up** at seven.

I **get** him **up**.

I **get into** bed.

I **get out of** bed.

I **get down** from the tree.

I **get through** the woods.

4

☐ **get in** に乗る (車など)	私は、タクシーに乗る
☐ **get into** に乗り込む	私は、タクシーに乗り込む
☐ **get on** に乗る (列車・飛行機など)	私は、列車に乗る
☐ **get out of** から降りる (車など)	私は、タクシーから降りる
☐ **get off** から降りる (列車・飛行機など)	私は、列車から降りる
☐ **get up** 起きる	私は、7時に起きる
☐ **get ~ up** ~を起床させる	私は、彼を起こす
☐ **get into** の中に入る	私は、ベッドに入る
☐ **get out of** から出る	私は、ベッドから出る
☐ **get down** 降りる	私は、木から降りる
☐ **get through** を通り抜ける	私は、森を通り抜ける

GET…イディオム②

I **get across** the river.

I **get over** the river.

I **get over** the river to the other side.

I **get** milk **out of** the fridge.

I **get away from** the city.

I **get away** with the money.

I **get** the book **back** from him.

I **get through** the exam.

I **get through with** my work.

I **get to** Kyoto at seven.

The train will **get in** at 1 p.m.

5

☐ **get across** を渡る	私は、川を渡る	
☐ **get over** を越える	私は、川を越える	
☐ **get over** を渡る	私は、川の向こう側に渡る	
☐ **get ~ out of …** ~から…を取り出す	私は、冷蔵庫からミルクを取り出す	
☐ **get away from** から逃げ出す	私は、街から逃げ出す	
☐ **get away with** を持ち去る	私は、お金を持ち去る	
☐ **get ~ back** ~を取り戻す	私は、彼から本を取り戻す	
☐ **get through** に合格する（試験）	私は、試験に合格する	
☐ **get through with** を終える（仕事など）	私は、仕事を終える	
☐ **get to** に到着する	私は、京都に7時に着く	
☐ **get in** 到着する	列車は、午後1時に到着する	

GET…イディオム③

I **get over** my cold.

I **get over** the shock.

I **get into** trouble.

I **get** my idea **across** to him.

Get out!

Get away from here!

Let's **get together** at seven.

Let's **get down to** work.

I am **get**ting **better**.

How are you **get**ting **along**?

When do you **get back**?

6

☐ **get over** が治る(病気)	私は、風邪が治る
☐ **get over** を乗り越える	私は、ショックから立ち直る
☐ **get into** になる(ある状態)	私は、面倒なことになる
☐ **get ~ across** ~をわからせる	私は、自分の考えを彼にわからせる
☐ **get out** 外に出る	出ていけ！
☐ **get away** さっさと出ていく	ここから、さっさと出ていけ！
☐ **get together** 集まる	7時に集まろう
☐ **get down to** に取りかかる	仕事に取りかかろう
☐ **get better** よくなる	私は、回復しつつある
☐ **get along** 暮らす	あなたは、いかがお過ごしですか？
☐ **get back** 戻る	あなたは、いつ戻るのですか？

GET…イディオム④

I **get to know** her.

I **get in touch with** her.

I **get engaged**.

I **get married**.

I **get along with** my wife.

I **get angry with** my wife.

I **get steamed at** my wife.

I get emotional.

I **get smart with** my wife

I **get a divorce from** her.

I **get depressed**.

7

☐ **get to know** と知り合う	私は、彼女と知り合う
☐ **get in touch with** と連絡を取る	私は、彼女と連絡を取る
☐ **get engaged** 婚約する	私は、婚約する
☐ **get married** 結婚する	私は、結婚する
☐ **get along with** とうまくやっていく	私は、妻とうまくやっていく
☐ **get angry with** に腹を立てる	私は、妻に腹を立てる
☐ **get steamed at** に腹を立てる	私は、妻に腹を立てる
☐ **get emotional** 感情的になる	私は、感情的になる
☐ **get smart with** に生意気な口をきく	私は、妻に生意気な口をきく
☐ **get a divorce from** と離婚する	私は、彼女と離婚する
☐ **get depressed** 落ち込む	私は、落ち込む

29

GET…イディオム⑤

I **get drunk**.

I **get a break**.

I **get the ax**.

I **get used to** the job.

I **get tired of** reading.

I **get wet** in the shower.

I **get out of breath**.

I**'ve got** a pen.

I**'ve got to** go now.

I**'ve got to** be home by seven.

How did you **get that way**?

8

☐ **get drunk** 酒に酔う	私は、酒に酔う
☐ **get a break** 運がつく	私は、運がつく
☐ **get the ax** 首になる	私は、首になる
☐ **get used to** に慣れる	私は、仕事に慣れる
☐ **get tired of** に飽きる	私は、読書に飽きる
☐ **get wet** 濡れる	私は、にわか雨で濡れる
☐ **get out of breath** 息切れする	私は、息切れする
☐ **have got** を持っている(口語)	私は、ペンを持っている
☐ **have got to ~** ~しなければならない(口語)	私は、もう行かなければならない
☐ **have got to ~** ~しなければならない(口語)	私は、7時までに帰宅しなければならない
☐ **get that way** そのような状態になる	あなたは、どうしてそうなったの？

TAKE…基本①

I **take** a card.

I **take** a cigar from the box.

I **take** my baby in my arms.

I **take** the gift.

I **take** a lunch to school.

I **take** my umbrella with me.

I **take** my dog to the park.

I **take** you home.

I **take** the bus.

I **take** first prize in the contest.

I **take** the medicine.

9

□ **take** を手に取る	私は、トランプのカードを手に取る
□ **take** を手に取る	私は、箱から葉巻を1本手に取る
□ **take** を手に取る	私は、赤ちゃんを腕に抱く
□ **take** を受け取る(贈り物など)	私は、贈り物を受け取る
□ **take** を持っていく	私は、学校に弁当を持っていく
□ **take** を持っていく	私は、傘を持っていく
□ **take** を連れていく	私は、犬を公園に連れていく
□ **take** を送っていく	私は、あなたを家まで送っていく
□ **take** に乗る(乗り物)	私は、バスに乗る
□ **take** を手に入れる(賞など)	私は、コンテストで1等賞を取る
□ **take** を飲む(薬)	私は、薬を飲む

TAKE…基本②

I **take** a picture.

I **take** notes during a lecture.

I **take** responsibility for the failure.

I **take** two weeks' vacation.

I **take** this one.

Take anything you want.

Take your seat, please.

Take seven from ten.

Who **take**s my book?

Which way shall we **take**?

What paper do you **take**?

10

☐ **take** を撮る(写真)	私は、写真を撮る
☐ **take** を取る(ノート)	私は、講義中にノートを取る
☐ **take** を取る(責任)	私は、失敗の責任を取る
☐ **take** を取る(休暇)	私は、2週間の休暇を取る
☐ **take** を買う	私は、こちらのほうを買う
☐ **take** を選ぶ	何でもあなたの欲しいものを選びなさい
☐ **take** に着く(席)	席に着いてください
☐ **take** を引く(数)	10から7を引きなさい
☐ **take** を持ち去る	私の本を持ち去るのは誰だ？
☐ **take** を選ぶ	どちらの道を行きましょうか？
☐ **take** を取る(新聞)	あなたは、何新聞を取っているの？

35

TAKE…イディオム①

I **take up** my pen.

I **take off** my jacket.

I **take** the picture **down** from the wall.

I **take in** the clothes.

I **take out** my book from the bag.

I **take** my wallet **out of** my pocket.

I **take back** my book.

I **take** my wife **out** to dinner.

I **take out** two hamburgers.

I **take** this book **back to** him.

I **take** seven days **off**.

11

☐ **take up** を取り上げる	私は、ペンを取り上げる	
☐ **take off** を脱ぐ	私は、上着を脱ぐ	
☐ **take ~ down** ~を降ろす(手に取って)	私は、絵を壁からはずす	
☐ **take in** を取り入れる	私は、洗濯物を取り込む	
☐ **take out** を取り出す	私は、カバンから本を取り出す	
☐ **take ~ out of …** ~を…から取り出す	私は、財布をポケットから取り出す	
☐ **take back** を取り戻す	私は、自分の本を取り戻す	
☐ **take ~ out** ~を連れ出す	私は、妻を夕食に連れ出す	
☐ **take out** を持ち帰る(食べ物など)	私は、2個のハンバーガーを持ち帰る	
☐ **take ~ back to …** ~を…に返す	私は、この本を彼に返す	
☐ **take ~ off** ~の休暇を取る	私は、7日間の休暇を取る	

TAKE…イディオム②

I **take care of** my baby.

I **take to** my new teacher.

I **take up with** her.

I **take down** his words.

I **take back** my words.

I **take part in** the contest.

I **take over** my family business.

I **take after** my mother.

I **take** him **to be** an honest man.

I **take** him **for** your brother.

I **take** the man **for** an American.

12

☐ **take care of** の世話をする	私は、赤ちゃんの世話をする
☐ **take to** を好きになる	私は、新しい先生を好きになる
☐ **take up with** と交際を始める（口語）	私は、彼女と交際を始める
☐ **take down** を書きとめる	私は、彼の言葉を書きとめる
☐ **take back** を取り消す（前言）	私は、自分の言ったことを取り消す
☐ **take part in** に参加する	私は、コンテストに参加する
☐ **take over** を引き継ぐ	私は、家業を引き継ぐ
☐ **take after** に似ている	私は、母に似ている
☐ **take ~ to be …** ~を…であると思う	私は、彼を正直な男だと思う
☐ **take ~ for …** ~を…と思う	私は、彼があなたの兄弟だと思う
☐ **take ~ for …** ~を…と間違える	私は、その男をアメリカ人と間違える

TAKE…イディオム③

Take care.

Take it easy. See you tomorrow.

I **take on** an assistant.

I **am taken ill**.

I **was taken in**.

Please **take** the dishes **away**.

The plane **takes off** on time.

It takes five minutes **to** walk to the park.

It takes a letter five days **to** reach New York.

His speech **takes up** too much time.

When will the meeting **take place**?

13

☐ **take care** 気をつける(別れの挨拶)	気をつけて(さようなら)
☐ **take it easy** 気楽にやる(じゃあね)	気楽にやれよ。じゃあ、また明日
☐ **take on** を雇う	私は、助手を雇う
☐ **be taken ill** 病気になる	私は、病気になる
☐ **be taken in** だまされる	私は、だまされた
☐ **take ~ away** ~をかたづける	お皿を下げてください
☐ **take off** 離陸する	飛行機は、時間どおりに離陸する
☐ **it takes ~ to …** …するのに~かかる	公園まで歩いて5分かかる
☐ **it takes A ~ to …** Aが…するのに~かかる	手紙がニューヨークに着くには 5日かかる
☐ **take up** を取る(時間・場所)	彼のスピーチは、時間を取りすぎる
☐ **take place** が行われる	ミーティングは、いつ行われますか？

41

TAKE…イディオム④

I take a nap.

I take a rest.

I take a walk.

I take a shower.

I take a bath.

I take a drive.

I take a look.

I take an exam.

I take a breath.

I take a trip.

I take a bow.

14

☐ **take a nap** うたた寝する	私は、うたた寝する	
☐ **take a rest** 休む	私は、休む	
☐ **take a walk** 散歩する	私は、散歩する	
☐ **take a shower** シャワーを浴びる	私は、シャワーを浴びる	
☐ **take a bath** 風呂に入る	私は、風呂に入る	
☐ **take a drive** ドライブする	私は、ドライブする	
☐ **take a look** 調べる	私は、調べる	
☐ **take an exam** 試験を受ける	私は、試験を受ける	
☐ **take a breath** 一息つく	私は、一息つく	
☐ **take a trip** 旅行する	私は、旅行する	
☐ **take a bow** おじぎする	私は、おじぎする	

TAKE…イディオム⑤

I **take pains**.

I **take a look at** her.

I **take a glance at** her.

I **take a fancy to** her.

I **take note of** his opinion.

I **take it out on** her.

I **take joy in** jogging.

I **took a knock**.

Take it from me.

Take it or leave it.

Let's **take a chance**.

15

☐ **take pains** 苦労する	私は、苦労する
☐ **take a look at** を一目見る	私は、彼女を一目見る
☐ **take a glance at** をちらっと見る	私は、彼女をちらっと見る
☐ **take a fancy to** を好きになる	私は、彼女を好きになる
☐ **take note of** に注目する	私は、彼の意見に注目する
☐ **take it out on** に八つ当たりする	私は、彼女に八つ当たりする
☐ **take joy in** を楽しんでいる	私は、ジョギングを楽しんでいる
☐ **take a knock** ひどい目にあう	私は、ひどい目にあった
☐ **take it from me** 私の言うことを信じなさい	私の言うことを信じなさい
☐ **take it or leave it** いやならやめなさい	いやならやめなさい
☐ **take a chance** 一か八かやってみる	一か八かやってみよう

HAVE…基本

I **have** an umbrella in my hand.

I **have** a car.

I **have** two sisters.

I **have** a dog.

I **have** blue eyes.

I **have** a good memory.

I **have** a good idea.

I **have** breakfast at seven.

I'd like to **have** some coffee.

I **have** a good time at the party.

We **have** no school today.

16

☐ **have** を持っている	私は、手に傘を持っている
☐ **have** を所有する	私は、車を持っている
☐ **have** がいる	私には、二人の妹がいる
☐ **have** を飼っている	私は、犬を飼っている
☐ **have** をしている	私は、青い目をしている
☐ **have** がある	私は、記憶力がいい
☐ **have** を持っている	私には、いい考えがある
☐ **have** を食べる	私は、7時に朝食を食べる
☐ **have** を飲む	私は、コーヒーを飲みたい
☐ **have** を経験する	私は、パーティーで楽しい時間を過ごす
☐ **have** を受ける	今日は、授業がない

HAVE…構文&イディオム①

I **have** my hair **cut**.

I **have** my car **washed**.

I **have** my car **stolen**.

I **have** her **cut** my hair.

I **have** him **wash** my car.

I **have** him **steal** the car.

I **have to** go now.

I **have to** finish the work by seven.

You **don't have to** go there.

You **have only to** come with me.

You **have only to** stay here.

17

☐ **have** ~+過去分詞 ~を…させる	私は、髪を切ってもらう
☐ **have** ~+過去分詞 ~を…させる	私は、車を洗ってもらう
☐ **have** ~+過去分詞 ~を…される	私は、車を盗まれる
☐ **have** ~+動詞の原形 ~に…させる	私は、彼女に髪を切ってもらう
☐ **have** ~+動詞の原形 ~に…させる	私は、彼に車を洗ってもらう(洗わせる)
☐ **have** ~+動詞の原形 ~に…させる	私は、彼に車を盗ませる
☐ **have to** ~ ~しなければならない	私は、もう行かなければならない
☐ **have to** ~ ~しなければならない	私は、7時までに仕事を終えなければならない
☐ **don't have to** ~ ~する必要はない	あなたは、そこへ行く必要はない
☐ **have only to** ~ ~しさえすればいい	あなたは、私といっしょに来ればいい
☐ **have only to** ~ ~しさえすればいい	あなたは、ここにいるだけでいい

49

HAVE…イディオム②

I **have a chat**.

I **have a bath**.

I **have a dance**.

I **have a seat**.

I **have a walk**.

I **have a picnic**.

I **have a drink**.

I **have a rest**.

I **have a cold**.

I **have a try**.

I **have a look at** her.

18

☐ **have a chat** おしゃべりをする	私は、おしゃべりをする
☐ **have a bath** 風呂に入る	私は、風呂に入る
☐ **have a dance** ダンスをする	私は、ダンスをする
☐ **have a seat** 座る	私は、座る
☐ **have a walk** 散歩する	私は、散歩する
☐ **have a picnic** ピクニックに行く	私は、ピクニックに行く
☐ **have a drink** 酒を1杯飲む	私は、酒を1杯飲む
☐ **have a rest** 休む	私は、休む
☐ **have a cold** 風邪をひく	私は、風邪をひく
☐ **have a try** 試してみる	私は、試してみる
☐ **have a look at** を見る	私は、彼女を見る

HAVE…イディオム③

I **have a smoke**.

I **have a ride**.

I **have a dream**.

I **have a wash**.

I **have a toothache**.

I **have a headache**.

I **have a fever**.

I **have a poor appetite**.

I **have an appointment**.

I **have** some **problems**.

I **have bad luck**.

19

☐ **have a smoke** 一服する	私は、一服する	
☐ **have a ride** 乗る	私は、(車に)乗る	
☐ **have a dream** 夢を見る	私は、夢を見る	
☐ **have a wash** 洗濯する	私は、洗濯する	
☐ **have a toothache** 歯が痛い	私は、歯が痛い	
☐ **have a headache** 頭が痛い	私は、頭が痛い	
☐ **have a fever** 熱がある	私は、熱がある	
☐ **have a poor appetite** 食欲がない	私は、食欲がない	
☐ **have an appointment** 約束がある	私は、約束がある	
☐ **have problems** 問題を抱えている	私は、問題を抱えている	
☐ **have bad luck** ついていない	私は、ついていない	

HAVE…イディオム④

I **have** a jacket **on**.

I **have** tomorrow **off**.

I **have a ball**.

I **have had it**.

I **have the blues**.

I **have a big mouth**.

I **have a word with** her.

I **have a crush on** her.

I **have an affair with** her.

I **have had it with** her.

I **have my hands full** now.

20

☐ **have ~ on** ~を身に着けている	私は、ジャケットを着ている
☐ **have ~ off** ~は休みである	私は、明日は休みだ
☐ **have a ball** おおいに楽しむ	私は、おおいに楽しむ
☐ **have had it** もはやこれまでだ	私は、もうこれでおしまいだ
☐ **have the blues** 憂うつだ	私は、憂うつだ
☐ **have a big mouth** べらべらしゃべる	私は、おしゃべりだ
☐ **have a word with** と一言、話をする	私は、彼女と一言、話をする
☐ **have a crush on** に熱をあげる	私は、彼女にほれる
☐ **have an affair with** と恋愛関係を持つ	私は、彼女と恋愛関係を持つ
☐ **have had it with** にうんざりだ	私は、彼女にうんざりだ
☐ **have one's my hands full** 大変忙しい	私は、今、大変忙しい

55

GIVE…基本

I **give** a flower to my wife.

I'll **give** you a present.

Give me some water.

I **give** you a chance.

I **give** ten dollars for the pen.

I **give** a party tomorrow.

I **give** all my time to my work.

Can you **give** me the time?

Shall I **give** her your message?

It **give**s me great pleasure.

Cows **give** milk.

21

☐ **give** をあげる	私は、妻に花をあげる
☐ **give** をあげる	私は、あなたにプレゼントをあげよう
☐ **give** を与える	私に水をください
☐ **give** を与える	私は、あなたにチャンスを与える
☐ **give** を支払う	私は、そのペンに10ドル支払う
☐ **give** を開く(パーティーなど)	私は、明日パーティーを開く
☐ **give** を捧げる	私は、すべての時間を仕事に捧げる
☐ **give** を述べる	今、何時か教えてくれますか？
☐ **give** を伝える	私は、彼女にあなたの伝言を伝えましょうか？
☐ **give** をもたらす	それは、私にとって大変喜ばしいことです
☐ **give** を供給する	牛は、ミルクを供給する

GIVE…イディオム①

I **give away** all my money.

I **give** him **back** the book.

I **give out** the exam papers.

I **give in** the report.

I **give way to** him.

I **give up** smoking.

I **give myself up to** music.

I **give birth to** a baby.

I **give in to** his views.

I **give ear to** his advice.

I **give away** my secret.

22

☐ **give away** ただで与える		私は、お金を全部寄付する
☐ **give ~ back …** ~に…を返す		私は、彼に本を返す
☐ **give out** を配る		私は、テスト用紙を配る
☐ **give in** を提出する		私は、レポートを提出する
☐ **give way to** に道を譲る		私は、彼に道を譲る
☐ **give up** をやめる		私は、タバコをやめる
☐ **give oneself up to** に熱中する		私は、音楽に熱中する
☐ **give birth to** を出産する		私は、赤ちゃんを出産する
☐ **give in to** に屈服する		私は、彼の意見に屈服する
☐ **give ear to** に耳を傾ける		私は、彼の助言に耳を傾ける
☐ **give away** をうっかり漏らす		私は、自分の秘密をうっかり漏らす

GIVE…イディオム②

I **give a cry**.

I **give a smile**.

I **give a sigh**.

I **give a party**.

I **give a lecture**.

I **give a speech**.

I **give** it **a try**.

I **give** him **a call**.

I **give** him **a kiss**.

I **give** him **a hand**.

I **give** him **a ride**.

23

☐ **give a cry** 叫ぶ	私は、叫ぶ
☐ **give a smile** にっこりする	私は、にっこりする
☐ **give a sigh** ため息をつく	私は、ため息をつく
☐ **give a party** パーティーを開く	私は、パーティーを開く
☐ **give a lecture** 講演をする	私は、講演をする
☐ **give a speech** 演説をする	私は、演説をする
☐ **give ~ a try** ~をやってみる	私は、それをやってみる
☐ **give ~ a call** ~に電話する	私は、彼に電話する
☐ **give ~ a kiss** ~にキスをする	私は、彼にキスをする
☐ **give ~ a hand** ~の手助けをする	私は、彼の手助けをする
☐ **give ~ a ride** ~を車に乗せる	私は、彼を車に乗せる

KEEP…基本

I will **keep** your book.

How long can I **keep** this book?

Please **keep** the change.

I **keep** old letters.

I **keep** the door open.

I **keep** myself clean.

I **keep** a dog.

I **keep** a restaurant.

I **keep** my promise.

I **keep** a diary.

I won't **keep** you long.

24

☐ **keep** を持っている		私は、あなたの本を持っていてあげよう
☐ **keep** を持ちつづける		私は、この本をいつまで借りられますか？
☐ **keep** を取っておく		おつりは取っておいてください
☐ **keep** を保存する		私は、古い手紙を取っておく
☐ **keep** を保つ		私は、ドアを開けたままにしておく
☐ **keep** を保つ		私は、身ぎれいにしている
☐ **keep** を飼う		私は、犬を1匹飼っている
☐ **keep** を経営する		私は、レストランを経営する
☐ **keep** を守る		私は、自分の約束を守る
☐ **keep** をつける(日記)		私は、日記をつける
☐ **keep** を引きとめる		私は、あなたを長く引きとめません

KEEP…構文

I **keep quiet**.

I **keep indoors**.

I **keep** cry**ing** all night.

It **keep**s rain**ing** for a week.

I **keep on** talk**ing** for hours.

I **keep on** ask**ing** stupid questions.

I **keep from** laugh**ing**.

I **keep from** gett**ing** wet.

I **keep** my dog **quiet**.

I **keep** him wait**ing**.

Keep the door **closed**.

25

☐ **keep** +形容詞 ずっと~である	私は、静かにしている
☐ **keep** +副詞 ずっと~である	私は、ずっと家にいる
☐ **keep** ~ing ~しつづける	私は、一晩中泣きつづける
☐ **keep** ~ing ~しつづける	雨が、1週間降りつづく
☐ **keep on** ~ing ~しつづける(しつこく)	私は、何時間も話しつづける
☐ **keep on** ~ing しきりに~する(しつこく)	私は、しきりに馬鹿な質問をする
☐ **keep from** ~ing ~しないようにする	私は、笑わないようにする
☐ **keep from** ~ing ~しないようにする	私は、濡れないようにする
☐ **keep** ~ +形容詞 ~を…させておく	私は、犬を静かにさせておく
☐ **keep** ~+ …ing ~を…させておく	私は、彼を待たせておく
☐ **keep** ~+過去分詞 ~を…しておく	ドアを閉めておきなさい

KEEP…イディオム①

Keep off the grass!

Keep out!

Keep to the left!

Keep away!

Keep back!

Keep it **up**!

Keep at it!

Keep in touch!

Keep in mind what I said.

Keep an eye on my bag.

Keep your chin up!

26

☐ **keep off** に近づかない	芝生に入るな！	
☐ **keep out** 外にいる	立ち入り禁止！	
☐ **keep to** を守る	左側通行！	
☐ **keep away** 近づかない	近寄るな！	
☐ **keep back** 下がる	下がって！	
☐ **keep ~ up** ~を続ける	そのまま続けて！	
☐ **keep at** 根気よくやる	がんばって続けなさい！	
☐ **keep in touch** 連絡する	忘れずに連絡してね！	
☐ **keep in mind** を忘れないでいる	私の言ったことを忘れないように	
☐ **keep an eye on** から目を離せないでいる	私のカバンを見ていてください	
☐ **keep one's your chin up** 元気を失わないでいる	元気を出せ！	

KEEP…イディオム②

I **keep house**.

I **keep on** try**ing**.

I **keep on** talk**ing** for hours.

I **keep up with** you.

I **keep** my coat **on**.

I **keep** my voice **down**.

I **keep down** my anger.

I **keep away from** that house.

I **keep away from** coffee.

I **keep company with** her.

I **keep** this **to myself**.

27

☐ **keep house** 家事をする	私は、家事をする
☐ **keep on ~ing** ~しつづける	私は、がんばりつづける
☐ **keep on ~ing** ~しつづける	私は、何時間も話しつづける
☐ **keep up with** に遅れずについていく	私は、あなたについていく
☐ **keep ~ on** ~を身に着けたままでいる	私は、コートを着たままでいる
☐ **keep ~ down** ~を低くする	私は、声を低くする
☐ **keep down** を抑える	私は、怒りを抑える
☐ **keep away from** に近寄らない	私は、あの家に近寄らない
☐ **keep away from** を口にしない（飲食物）	私は、コーヒーを飲まないようにしている
☐ **keep company with** とつきあう	私は、彼女とつきあう
☐ **keep ~ to oneself** ~を秘密にしておく	私は、このことを秘密にしておく

PUT…基本

I **put** a radio on the desk.

I **put** milk in my coffee.

I **put** a letter in the mailbox.

I **put** my hands into my pockets.

I **put** my hand out of the window.

I **put** a coat on a hanger.

I **put** a stamp on the envelope.

I **put** my name on my book.

I **put** this sentence into English.

I **put** words to music.

I **put** my books in order.

28

☐ **put** を置く	私は、ラジオを机に置く
☐ **put** を入れる	私は、コーヒーにミルクを入れる
☐ **put** を入れる	私は、手紙を郵便ポストに入れる
☐ **put** を入れる	私は、手をポケットに入れる
☐ **put** を出す	私は、手を窓から出す
☐ **put** をかける	私は、コートをハンガーにかける
☐ **put** をはる	私は、切手を封筒にはる
☐ **put** を書く	私は、本に自分の名前を書く
☐ **put** を言い表す	私は、この文を英語に訳す
☐ **put** をつける	私は、曲に歌詞をつける
☐ **put** をある状態にする	私は、本を整理する

PUT…イディオム①

I **put on** my clothes.

I **put on** my skirt.

I **put on** a tie.

I **put on** lipstick.

I **put on** jewelry.

I **put on** my shoes.

I **put on** my hat.

I **put out** the light.

I **put out** the futon.

I **put** the toys **away**.

I **put** this toy **back**.

29

put on を着る	私は、服を着る
put on をはく	私は、スカートをはく
put on をつける	私は、ネクタイをつける
put on を塗る	私は、口紅を塗る
put on をつける	私は、宝石をつける
put on をはく	私は、靴をはく
put on をかぶる	私は、帽子をかぶる
put out を消す	私は、明かりを消す
put out を出す	私は、ふとんを出す
put ~ away ~をかたづける	私は、おもちゃをかたづける
put ~ back ~をもとのところに戻す	私は、このおもちゃをもとのところに戻す

PUT…イディオム②

I **put in** the plug.

I **put down** the box.

I **put down** her address.

I **put up** my hand.

I **put up** the tent.

I **put up** the notice.

I **put up at** the hotel.

I **put up with** his bad manners.

I **put aside** some money each month.

I **put off** my trip.

I **put off** going to the dentist.

30

☐ **put in** を差し込む	私は、プラグを差し込む
☐ **put down** を下に置く	私は、箱を下に置く
☐ **put down** 書きとめる	私は、彼女の住所を書きとめる
☐ **put up** を上げる	私は、手を上げる
☐ **put up** を張る	私は、テントを張る
☐ **put up** を出す	私は、掲示を出す
☐ **put up at** に泊まる	私は、ホテルに泊まる
☐ **put up with** をがまんする	私は、彼の無作法をがまんする
☐ **put aside** を取っておく	私は、毎月少しずつお金を貯める
☐ **put off** を延期する	私は、旅行を延期する
☐ **put off ~ing** ~するのを延期する	私は、歯医者へ行くのを延期する

DO…基本&イディオム①

I **do** the math problem.

I **do** the crossword puzzle.

I **do** business.

I **do my work**.

I **do the washing**.

I **do the shopping**.

I **do the cooking**.

I **do the dishes**.

I **do the room**.

I **do my hair**.

I **do my face**.

31

☐ **do** ~をする		私は、算数の問題をする
☐ **do** ~をする		私は、クロスワードパズルをする
☐ **do** ~をする		私は、商売をする
☐ **do one's work** 仕事をする		私は、仕事をする
☐ **do the washing** 洗濯をする		私は、洗濯をする
☐ **do the shopping** 買い物をする		私は、買い物をする
☐ **do the cooking** 料理をする		私は、料理をする
☐ **do the dishes** 皿を洗う		私は、皿を洗う
☐ **do the room** 部屋を掃除する		私は、部屋を掃除する
☐ **do one's hair** 髪をとかす		私は、髪をとかす
☐ **do one's face** 化粧をする		私は、化粧をする

DO…イディオム②

I **do up** my jacket.

I **do up** my hair.

I **do up** the Christmas tree.

I **do away with** the toys.

I **do** this question **over**.

I **do my own thing**.

I **do away with** bad habits.

I **do away with** him.

I **do my best**.

I **do without** TV.

Well done!

32

☐ **do up** をとめる(ボタン)	私は、ジャケットのボタンをとめる
☐ **do up** を整える	私は、髪を整える
☐ **do up** を飾りつける	私は、クリスマスツリーを飾る
☐ **do away with** を捨てる	私は、おもちゃを捨てる
☐ **do ~ over** ~をやり直す	私は、この問題をやり直す
☐ **do one's own thing** 好きなことをする	私は、勝手なことをする
☐ **do away with** をやめる	私は、悪い習慣をやめる
☐ **do away with** を殺す(口語)	私は、彼を殺す
☐ **do one's best** 最善を尽くす	私は、最善を尽くす
☐ **do without ~** ~なしで済ます	私は、テレビなしで済ます
☐ **Well done!** よくやった	よくやった！

GO…基本①

I **go** to New York.

I **go** to school.

I **go** to church.

I **go** to bed.

I **go** to jail.

I have to **go** now.

The train has **go**ne.

Time **go**es fast.

This road **go**es to the town.

My money will **go** quickly.

My car doesn't **go**.

33

☐ **go** 行く		私は、ニューヨークに行く
☐ **go** 行く		私は、学校へ（勉強に）行く
☐ **go** 行く		私は、教会へ（礼拝に）行く
☐ **go** 行く		私は、寝る
☐ **go** 行く		私は、刑務所に入る
☐ **go** 去る		私は、もうおいとまししなければなりません
☐ **go** 出発する		列車は、もう出てしまった
☐ **go** たつ		時は、早く過ぎる
☐ **go** 至る		この道は、街に至る
☐ **go** なくなる		私のお金は、すぐなくなるでしょう
☐ **go** 動く		私の車が、動かない

GO…基本② & 構文

Everything is **go**ing well.

The rumor **go**es all over the town.

I **go by** bus.

I **go by** plane.

I **go on foot**.

I **go** shopp**ing** in Ginza

I **go** swimm**ing** in the pool.

I **go** skat**ing** on the lake.

I **go hungry**.

I **go blind**.

I **go to** sleep.

34

☐ **go** 進行する	すべてうまくいっています
☐ **go** 広まる	うわさが、町中に広まる
☐ **go by** で行く(乗り物)	私は、バスで行く
☐ **go by** で行く(乗り物)	私は、飛行機で行く
☐ **go on foot** 歩いていく	私は、歩いていく
☐ **go ~ing** ~しに行く	私は、銀座へ買い物をしに行く
☐ **go ~ing** ~しに行く	私は、プールへ泳ぎに行く
☐ **go ~ing** ~しに行く	私は、湖へスケートをしに行く
☐ **go +形容詞** いつも~である	私は、いつも空腹だ
☐ **go +形容詞** ~(の状態)になる	私は、失明する
☐ **go to ~** ~(の状態)が始まる	私は、眠り込む

GO…イディオム①

I **go about** the town.

I **go across** the street.

I **go along** this street.

I **go along with** my wife.

I **go around** the world.

I **go away** from here.

I **go back** to my seat.

I **go by** without noticing her.

I **go down** to the first floor.

I **go for** a walk.

I **go for** a doctor.

35

☐ **go about** を歩きまわる	私は、街を歩きまわる	
☐ **go across** を横切る	私は、通りを横切る	
☐ **go along** を進んでいく	私は、この通りを進んでいく	
☐ **go along with** といっしょに行く	私は、妻といっしょに行く	
☐ **go around** をまわる	私は、世界をまわる	
☐ **go away** 立ち去る	私は、ここから立ち去る	
☐ **go back** 戻る	私は、自分の席に戻る	
☐ **go by** 通り過ぎる	私は、彼女に気づかずに通り過ぎる	
☐ **go down** 降りる	私は、1階に降りる	
☐ **go for** をしに行く	私は、散歩に出かける	
☐ **go for** を呼びに行く	私は、医者を呼びに行く	

GO…イディオム②

I **go home**.

I **go into** the room.

I **go off** in a hurry.

I **go on** into the woods.

I **go out** alone at night.

I **go out of** the room.

I **go over** the mountains.

I **go through** the tunnel.

I **go up** to the roof.

I **go up to** the door.

I **go with** her.

36

☐ **go home** 家に帰る	私は、家に帰る	
☐ **go into** に入る	私は、部屋に入る	
☐ **go off** 立ち去る	私は、急いで立ち去る	
☐ **go on** 進んでいく	私は、森の中へ進んでいく	
☐ **go out** 出かける	私は、一人で夜出かける	
☐ **go out of** から出ていく	私は、部屋から出ていく	
☐ **go over** を越える	私は、山を越える	
☐ **go through** を通り抜ける	私は、トンネルを通り抜ける	
☐ **go up** 上がる	私は、屋上に上がる	
☐ **go up to** に近づく	私は、ドアに近づく	
☐ **go with** といっしょに行く	私は、彼女といっしょに行く	

87

GO…イディオム③

"I'm **going out**."

I **go on** speaking.

I **go back and forth**.

I **go out with** her.

I **go without** breakfast.

I **go through** hell.

I **go through with** the work.

I **go along with** you.

I **go back on** my friend.

I **go over** this lesson.

I **go into** the evidence.

37

☐ **go out** 出ていく	「いってきます」
☐ **go on ~ing** ~しつづける	私は、しゃべりつづける
☐ **go back and forth** 行ったり来たりする	私は、行ったり来たりする
☐ **go out with** と交際する	私は、彼女と交際する
☐ **go without ~** ~なしで済ます	私は、朝食なしで済ます
☐ **go through** を経験する	私は、地獄を経験する
☐ **go through with** をやり通す	私は、仕事をやり通す
☐ **go along with** に賛成する	私は、あなたに賛成する
☐ **go back on** を裏切る	私は、友達を裏切る
☐ **go over** を復習する	私は、この勉強を復習する
☐ **go into** をくわしく調べる	私は、その証拠をくわしく調べる

GO…イディオム④

The lights **go off**.

The fire **go**es **out**.

The wind has **go**ne **down**.

Prices are **go**ing **up**.

This hat **go**es **with** that coat.

It **go**es **against** my principles.

Please **go on**.

Go ahead!

Go about your business.

What's **go**ing **on**?

It goes without saying that ~.

38

☐ **go off** 消える(電気などが)	明かりが、消える
☐ **go out** 消える(火などが)	火が、消える
☐ **go down** 静まる	風が、静まった
☐ **go up** 上がる	物価が、上がっている
☐ **go with** と調和する	この帽子は、そのコートに似合う
☐ **go against** に反する	それは、私の主義に反する
☐ **go on** 進む	止まらないで先へ進んでください
☐ **Go ahead!** お先にどうぞ	お先にどうぞ！ (どうぞお話しください)
☐ **go about** に取りかかる	自分のことをやりなさい (おまえには用はない)
☐ **go on** 続く	いったい何が起こっているのか？
☐ **It goes without saying that ~.** ~ということは言うまでもない	~ということは言うまでもない

COME…基本&構文

Come here.

Come again.

I'm **com**ing.

I'll **come** to your house.

May I **come** with you?

A new idea **come**s to me.

I have **come alive**.

My dream has **come true**.

I **come to** love her.

How did you **come to** know her?

Come, come! Hurry up!

39

☐ **come** 来る	こちらに来なさい
☐ **come** 来る	また来てね
☐ **come** 行く	今、行きます
☐ **come** 行く	私は、あなたの家に行きます
☐ **come** 行く	いっしょに行っていいですか？
☐ **come** 起こる	新しいアイデアが浮かぶ
☐ **come** +形容詞 ～になる	私は、生き返った
☐ **come** +形容詞 ～になる	私の夢は、実現した
☐ **come to ～** ～するようになる	私は、彼女を愛するようになる
☐ **come to ～** ～するようになる	どうして、あなたは彼女を知るようになったのですか？
☐ **come** さあ(まあまあ)	さあ、さあ！　急いで！

COME…イディオム①

I **come home**.

I **come across** her in Tokyo.

I **come from** Tokyo.

I **come of** a good family.

I'll **come back** soon.

They **come along**.

They **come over** here from America.

They **come out of** the room.

A button **came off** my coat.

The moon **come**s **out**.

Christmas will **come around** very soon.

40

☐	**come home** 帰宅する	私は、帰宅する(ただいま)
☐	**come across** と偶然出会う	私は、彼女と偶然東京で会う
☐	**come from** の出身である	私は、東京の出身です
☐	**come of** の生まれである	私は、名門の生まれです
☐	**come back** 戻る	私は、すぐ戻ってきます
☐	**come along** やってくる	彼らが、やってくる
☐	**come over** 遠くからやって来る	彼らは、アメリカからはるばるここに来る
☐	**come out of** から出てくる	彼らが、部屋から出てくる
☐	**come off** 取れる(ボタンなどが)	ボタンが、コートから取れた
☐	**come out** 出てくる	月が、出てくる
☐	**come around** やってくる	クリスマスは、すぐにやってくる

COME…イディオム②

Oh, **come on**!

Come on, Mike!

Come on, everybody!

Come on in.

Come over here.

Come back anytime.

Come off it!

Please **come around** again.

May I **come in**?

How come?

How did this **come about**?

41

come on まさか	えっ、まさか！
come on がんばれ	マイク、がんばれ！
come on さあ	さあ、みんな！
Come on in. さあ、お入りください	さあ、お入りください
come over やってくる	こちらにいらっしゃい
Come back anytime. いつでも来てください(帰る客への言葉)	また、いつでも来てください
Come off it! でたらめを言うな	でたらめを言うな！
come around ぶらりと訪問する	また、訪ねてきてください
come in 入る	入ってもよろしいですか？
How come? (=Why?) どうして？	どうして？
come about 起こる	どうして、こんなことが起こったのですか？

MAKE…基本&構文

I **make** a cake.

I **make** a new friend.

I **make** coffee.

I **make** a lot of money.

I **make** a noise.

I **make** good marks.

I **make** time for shopping.

Two and three **make** five.

The music **make**s the show.

I **make** her **happy**.

I **make** her **go** there.

42

☐ **make** をつくる		私は、ケーキをつくる
☐ **make** をつくる		私は、新しい友人をつくる
☐ **make** を用意する		私は、コーヒーをいれる
☐ **make** を稼ぐ		私は、たくさんのお金を稼ぐ
☐ **make** を生じさせる		私は、音をたてる
☐ **make** を得る		私は、いい成績を取る
☐ **make** をつくりだす		私は、買い物に時間をさく
☐ **make** になる		2足す3は5
☐ **make** 成功させる(口語)		その音楽は、ショーを成功させる
☐ **make** ～＋形容詞 ～を…にする		私は、彼女を幸せにする
☐ **make** ～＋動詞の原形 ～に…させる(強制的に)		私は、彼女をそこへ行かせる

MAKE…イディオム①

I **make for** the door.

I **make off** from the store.

I **make friends with** my classmates.

I **make fun of** my sister.

I **make a fool of** my student.

I **make up** with my girlfriend.

I **make a living** as an author.

I **make out** his opinion.

I **make nothing of** his advice.

I **make sure of** the plan.

I **make up for** lost time.

43

☐	**make for** のほうへ向かう	私は、ドアのほうへ向かう
☐	**make off** 逃げる	私は、店から逃げる
☐	**make friends with** と友達になる	私は、クラスメートと友達になる
☐	**make fun of** をからかう	私は、妹をからかう
☐	**make a fool of** を馬鹿にする	私は、自分の生徒を馬鹿にする
☐	**make up** 仲直りする	私は、ガールフレンドと仲直りする
☐	**make a living** 生計を立てる	私は、作家として生計を立てる
☐	**make out** を理解する	私は、彼の意見を理解する
☐	**make nothing of** を軽く見る	私は、彼の助言を軽く見る
☐	**make sure of** を確かめる	私は、その計画を確かめる
☐	**make up for** を埋め合わせる	私は、失った時間を埋め合わせる

MAKE…イディオム②

I make a plan.

I make a start.

I make haste.

I make a call.

I make peace.

I make a promise.

I make an effort.

I make a choice.

I make an answer.

I make a mistake.

I make trouble.

44

☐ **make a plan** 計画する	私は、計画する	
☐ **make a start** 出発する	私は、出発する	
☐ **make haste** 急ぐ	私は、急ぐ	
☐ **make a call** 電話する	私は、電話する	
☐ **make peace** 仲直りする	私は、仲直りする	
☐ **make a promise** 約束する	私は、約束する	
☐ **make an effort** 努力する	私は、努力する	
☐ **make a choice** 選ぶ	私は、選ぶ	
☐ **make an answer** 答える	私は、答える	
☐ **make a mistake** 間違える	私は、間違える	
☐ **make trouble** 面倒を起こす	私は、面倒を起こす	

MAKE…イディオム③

I make an explanation.

I make an offer.

I make an excuse.

I make a proposal.

I make a speech.

I make a comment.

I make a demand.

I make a decision.

I make an attempt.

I make a discovery.

I make a guess.

45

☐ **make an explanation** 説明する	私は、説明する
☐ **make an offer** 申し出る	私は、申し出る
☐ **make an excuse** 言い訳をする	私は、言い訳をする
☐ **make a proposal** 提案する	私は、提案する
☐ **make a speech** 演説する	私は、演説する
☐ **make a comment** 意見を述べる	私は、意見を述べる
☐ **make a demand** 要求する	私は、要求する
☐ **make a decision** 決定する	私は、決定する
☐ **make an attempt** 試みる	私は、試みる
☐ **make a discovery** 発見する	私は、発見する
☐ **make a guess** 推測する	私は、推測する

LOOK…基本&構文

Look!

Look at me.

I **look at** the ceiling.

I **look to** the right.

You **look tired**.

You **look like a fool**.

You **look** ten years **young**er.

They **look** just the **same**.

My room **look**s south.

I **look what** time the train arrives.

Look that nothing worse happens.

46

☐ **Look!** ほら(相手の注意を引くとき)	ほら、見てごらん！
☐ **look at** を見る	私を見ろ
☐ **look at** を見る	私は、天井を見る
☐ **look to** のほうを見る	私は、右のほうを見る
☐ **look** +形容詞 〜に見える	あなたは、疲れて見える
☐ **look like** +名詞 〜に見える	あなたは、馬鹿のように見える
☐ **look** +形容詞 〜に見える	あなたは、10歳若く見える
☐ **look** +形容詞 〜に見える	それらは、まったく同じに見える
☐ **look** 〜向きである(家などが)	私の部屋は、南向きです
☐ **look what 〜** 〜を調べる	私は、列車の到着時刻を調べる
☐ **look that 〜** 〜に注意しなさい	悪いことが起こらないように注意しなさい

107

LOOK…イディオム①

I **look ahead**.

I **look up** at the sky.

I **look down** at the street.

I **look around**.

I **look out** the window.

I **look back** at her.

I **have a look at** her.

I **look in** the mirror.

I **look into** the room.

I **look over** these papers.

I'm **look**ing **for** my key.

47

☐ **look ahead** 前方を見る	私は、前方を見る	
☐ **look up** 見上げる	私は、空を見上げる	
☐ **look down** 見下ろす	私は、通りを見下ろす	
☐ **look around** 見まわす	私は、あたりを見まわす	
☐ **look out** 外を見る	私は、窓から外を見る	
☐ **look back** 振り返って見る	私は、彼女のほうを振り返って見る	
☐ **have a look at** を一目見る	私は、彼女を一目見る	
☐ **look in** の中をのぞく	私は、鏡の中をのぞく	
☐ **look into** の中をのぞく	私は、部屋の中をのぞく	
☐ **look over** に目を通す	私は、これらの書類に目を通す	
☐ **look for** を探す	私は、鍵を探しています	

LOOK…イディオム②

I **look in** the dictionary.

I **look up** the word in the dictionary.

I **look through** the papers.

I **look after** the children.

I **look after** the store.

I **look in on** him.

I **look like** my mother.

I **look back on** my childhood.

I **look up to** my father.

I **look down on** my arrogant boss.

I **look on** him **as** my boss.

48

☐ **look in** を調べる(辞書など)	私は、辞書を調べる	
☐ **look up** を調べる(辞書などで)	私は、その言葉を辞書で調べる	
☐ **look through** を徹底的に調べる	私は、書類を徹底的に調べる	
☐ **look after** の世話をする	私は、子供たちの世話をする	
☐ **look after** を管理する	私は、店番をする	
☐ **look in on** のところにちょっと立ち寄る	私は、彼のところにちょっと立ち寄る	
☐ **look like** に似ている	私は、母に似ている	
☐ **look back on** を振り返る	私は、子供時代を振り返る	
☐ **look up to** を尊敬する	私は、自分の父を尊敬している	
☐ **look down on** を見くだす	私は、ごうまんな上司を見くだす	
☐ **look on ~ as …** ~を…とみなす	私は、彼を上司とみなす	

111

LOOK…イディオム③

Look here!

Look out!

Look out for pickpockets!

Look alive!

Don't **look back**!

It **look**s **like** rain.

What does it **look like**?

I'm **look**ing **forward to** the trip.

I'm **look**ing **forward to** seeing you.

I can't **look** you **in the eye**.

It **look**s **as if** everyone is still sleeping.

49

☐	**Look here!** おい(相手の注意をうながすとき)	おい、ほら！
☐	**Look out!** あぶない	あぶない！
☐	**look out** 用心する	スリに用心！
☐	**look alive** てきぱきやる(口語)	ぐずぐずするな！
☐	**look back** しりごみする(口語)	しりごみするな！
☐	**look like** になりそうだ	雨になりそうだ
☐	**look like** のように見える	それは、どのようなものですか？
☐	**look forward to** を楽しみにして待つ	私は、旅行を楽しみにして待つ
☐	**look forward to** を楽しみにして待つ	私は、あなたにお会いするのを楽しみにしています
☐	**look ～ in the eye** ～の目をまともに見る	私は、あなたの目をまともに見られない
☐	**looks as if ～** ～のように見える	みんな、まだ眠っているようだ

113

SEE…基本&構文

I **see** a picture on the wall.

I **saw** a dog **cross** the street.

I **see** him cross**ing** the street.

I **see** a movie.

I **see** the sights of Kyoto.

I'm glad to **see** you.

I **see** a doctor.

I'll **see** you to the airport.

Do you **see**?

I **see what** you mean.

I **see that** you are wrong.

50

☐ **see** が見える	私は、壁にかかった絵が見える
☐ **see ～ ＋動詞の原形** ～が…するのが見える	私は、犬が道路を渡るのが見えた
☐ **see ～ …ing** ～が…しているのが見える	私は、彼が道路を渡っているのが見える
☐ **see** を観る(芝居など)	私は、映画を観る
☐ **see** を見物する	私は、京都の観光地を見物する
☐ **see** に会う	私は、あなたに会えてうれしい
☐ **see** に診てもらう(医者)	私は、医者に診てもらう
☐ **see** を見送る	私は、あなたを空港まで送りましょう
☐ **see** わかる	あなたは、わかりますか？
☐ **see what ～** ～ということがわかる	私は、あなたの言いたいことがわかる
☐ **see that ～** ～ということがわかる	私は、あなたが間違っていることがわかる

115

SEE…イディオム

I see.

Let's see.

See you later!

You see.

Long time no see.

I go to the airport to **see** him **off**.

I **see much of** her.

I **see little of** her.

I **see nothing of** her.

I **see something of** her.

I **see through** him.

51

☐ **I see.** わかった	わかった、なるほど
☐ **Let's see.** ちょっと考えさせて	ええっと、ちょっと考えさせて
☐ **See you later!** じゃあね	じゃあ、また！
☐ **You see.** ほらね	ほらね
☐ **Long time no see.** ひさしぶりです	ひさしぶりだね
☐ **see ~ off** ~を見送る	私は、彼を見送りに空港へ行く
☐ **see much of** にしばしば会う	私は、彼女にしばしば会う
☐ **see little of** にあまり会わない	私は、彼女にあまり会わない
☐ **see nothing of** にまったく会わない	私は、彼女にまったく会わない
☐ **see something of** にときどきは会う	私は、彼女にときどきは会う
☐ **see through** の正体を見抜く	私は、彼の正体を見抜く

TALK…基本&構文

I **talk** in English.

I **talk** on the telephone.

I **talk** in a low voice.

I **talk** behind her back.

I **talk** in my sleep.

We **talk** over a cup of tea.

I am too tired to **talk**.

I **talk** business.

I **talk** politics.

I **talk** him **into** buy**ing** the car.

I **talk** him **out of** buy**ing** the car.

52

□ **talk** 話す		私は、英語で話す
□ **talk** 話す		私は、電話で話す
□ **talk** 話す		私は、ひそひそ話す
□ **talk** 話す		私は、彼女の陰口を話す
□ **talk** 話す		私は、寝言を言う
□ **talk** 話す		私たちは、紅茶を飲みながら話す
□ **talk** 口をきく		私は、疲れて口がきけない
□ **talk** の話をする		私は、商売の話をする
□ **talk** の話をする		私は、政治の話をする
□ **talk ~ into …ing** ~を説得して…させる		私は、彼を説得して車を買わせる
□ **talk ~ out of …ing** ~を説得して…するのをやめさせる		私は、彼を説得して車を買うのをやめさせる

TALK…イディオム

I **talk up**.

I **talk big**.

I **talk to** him.

I **talk to myself**.

I **talk at** him.

I **talk** him **down**.

I **talk back to** my father.

I **talk with** him about life

I **talk** it **over** with him.

Let's **talk about** life.

What are you **talk**ing **about**?

53

☐ **talk up** 大声で話す	私は、大声で話す
☐ **talk big** ほらをふく(口語)	私は、ほらをふく
☐ **talk to** に話しかける	私は、彼に話しかける
☐ **talk to oneself** ひとりごとを言う	私は、ひとりごとを言う
☐ **talk at** に向かってしゃべりまくる	私は、彼に向かってしゃべりまくる
☐ **talk ~ down** ~を言い負かす	私は、彼を言い負かす
☐ **talk back to** に口答えをする	私は、父に口答えをする
☐ **talk with** と話をする	私は、彼と人生について話す
☐ **talk ~ over** ~をよく話し合う	私は、そのことを彼とよく話し合う
☐ **talk about** について話し合う	人生について話し合おう
☐ **talk about** について話す	あなたは、何のことを話しているのか？

SPEAK…基本

"Hello, this is Tom **speak**ing."

"May I **speak** to Taro?"

"Who is **speak**ing, please?"

"Taro **speak**ing."

Don't **speak** so rapidly, please.

Will you **speak** more slowly?

I **speak** English.

I **speak** in English.

I **speak** at the meeting.

I **speak** the truth.

I **speak** about life.

54

speak 話す(電話)	「もしもし、こちらトムです」
speak 話す(電話)	「太郎をお願いします」
speak 話す(電話)	「どちらさまですか?」
speak 話す(電話)	「太郎です」
speak 話す	そんなに早く話さないでください
speak 話す	もっとゆっくりと話していただけませんか?
speak を話す	私は、英語を話す
speak 話す	私は、英語で話す
speak 講演する	私は、会合で講演する
speak を言う	私は、本当のことを言う
speak 意見を述べる	私は、人生について意見を述べる

123

SPEAK…イディオム

I **speak up**.

I **speak out**.

I **speak to** her.

I **speak with** my wife.

I **speak for** my friend.

I **speak ill of** her.

I **speak well of** her.

Generally speaking, men like women.

Frankly speaking, I love her.

Strictly speaking, I don't love her.

He is, **so to speak**, a foolish guy.

55

☐ **speak up** 大声で言う	私は、大声で言う
☐ **speak out** はっきり言う	私は、はっきり言う
☐ **speak to** に話しかける	私は、彼女に話しかける
☐ **speak with** と相談する	私は、妻と相談する
☐ **speak for** を弁護する	私は、友達を弁護する
☐ **speak ill of** を悪く言う	私は、彼女を悪く言う
☐ **speak well of** をよく言う	私は、彼女のことをよく言う
☐ **generally speaking** 一般的に言って	一般的に言って、男は女が好きだ
☐ **frankly speaking** 率直に言って	率直に言って、私は彼女を愛している
☐ **strictly speaking** 厳密に言えば	厳密に言えば、私は彼女を愛していない
☐ **so to speak** いわば	彼は、いわば馬鹿なやつだ

SAY…基本&構文

Say it again.

I have something to **say** to you.

What did you **say**?

I **said** nothing.

Who **said** so?

I **said that** he was sick.

Say what you want.

I **am said to be** a good teacher.

This letter **say**s that he is fine.

It **say**s in the Bible that 〜.

That man is, **say**, around fifty.

56

☐ **say** 言う		もう一度言いなさい
☐ **say** 言う		私は、あなたに言いたいことがある
☐ **say** 言う		あなたは何て言ったの？
☐ **say** 言う		私は何も言ってない
☐ **say** 言う		誰がそう言ったのか？
☐ **say that ~** ~と言う		私は、彼が病気だと言った
☐ **say what ~** ~と言う		何が欲しいか言ってごらんなさい
☐ **be said to be ~** ~であると言われている		私は、いい先生だと言われている
☐ **say** と書いてある		この手紙には、彼は元気だと書いてある
☐ **say** と書いてある		聖書に~と書いてある
☐ **say** 言ってみれば(挿入的に)		あの男、そうですね、50歳くらいです

SAY…イディオム

You don't say.

You said it!

You can say that again.

What do you say?

What do you say to a cup of coffee?

I **said to myself**, "What shall I do?"

"Do you love her?" "**I'll say**."

They say that she is beautiful.

I should say that she is over thirty.

I can speak French, **to say nothing of** English.

It goes without saying that I love her.

57

☐ **You don't say.** へえ、ほんと	へえ、ほんと	
☐ **You said it!** そのとおり	まさにそのとおり！	
☐ **You can say that again.** おっしゃるとおり	おっしゃるとおりです	
☐ **What do you say?** どう思いますか	あなたは、どう思いますか	
☐ **What do you say to ~?** ~はいかがですか	コーヒーを1杯いかがですか？	
☐ **say to oneself** 心の中で考える	「どうすればいいのか」と 心の中で思った	
☐ **I'll say.** もちろんだ(口語)	「あなたは、彼女を愛していますか」 「もちろん」	
☐ **They say that ~.** ~だと言われている	彼女は美人だと言われている	
☐ **I should say that ~.** ~ではないかと思う	彼女は30歳以上ではないかと思う	
☐ **to say nothing of ~** ~は言うまでもなく	私は、英語は言うまでもなく フランス語も話せる	
☐ **It goes without saying that ~.** ~ということは言うまでもない	私が彼女を愛していることは 言うまでもない	

129

TELL…基本

Don't **tell** lies.

I **tell** a joke.

I **tell** the truth.

Please **tell** me your name.

Can you **tell** me the time, please?

Please **tell** me the way to the station.

Please **tell** us an interesting story.

I **told** her **that** I loved her.

I **tell** him **of** the danger.

I **tell** him **to** clean his room.

Can you **tell** which way is best?

58

☐ **tell** を言う		嘘を言うな
☐ **tell** を言う		私は、冗談を言う
☐ **tell** を言う		私は、真実を言う
☐ **tell** を知らせる		あなたの名前をお聞かせください
☐ **tell** を教える		時間を教えてもらえますか？
☐ **tell** を教える		駅に行く道を教えてください
☐ **tell ~ …** ~に…を話す		おもしろい話を私たちに話してください
☐ **tell ~ that …** ~に…と言う		私は、彼女に愛していると言った
☐ **tell ~ of …** ~に…を知らせる		私は、彼に危険を知らせる
☐ **tell ~ to …** ~に…しなさいと言う		私は、彼に部屋を掃除するように言う
☐ **can tell** がわかる		あなたは、どれが最善の方法かわかりますか？

TELL…イディオム

I **tell** him **off**.

I **tell** the teacher **on** you.

It's boiling hot outside, **I can tell you**.

To tell the truth, I love you.

Don't tell me you are going to marry her.

There is no telling what I will do next.

I told you so.

I'll tell you what.

I'm not telling you.

You're telling me.

You never can tell.

59

tell ~ off ~を叱りつける	私は、彼を叱りつける
tell ~ on … ~に…を言いつける	私は、あなたを先生に言いつける
I can tell you 本当に	外はうだるように暑い、本当に
to tell the truth 実を言うと	実を言うと、私は、あなたを愛しています
Don't tell me (that) ~. まさか~なんて	まさか、あなたが彼女と結婚するつもりだなんて
There is no telling ~. ~はよくわからない	私は、次に何をするかはわからない
I told you so. それごらん	それごらん
I'll tell you what. いいかね	いいかね
I'm not telling you. 言いたくない	あなたに言いたくない
You're telling me. 言わなくてもわかっているよ	言わなくてもわかっているよ
You never can tell. 先のことはわからない	先のことはわからない

CALL…基本

I **call** her name.

I **call** the dog.

I **call** the police.

I **call** him a taxi.

I **call** him Taro.

I **call** from downstairs.

I'll **call** you later.

Please **call** me at 7 tomorrow morning.

I **call** the dog "Pochi."

I **call** a meeting.

I **call** my wife honey.

60

☐ **call** を呼ぶ		私は、彼女の名前を呼ぶ
☐ **call** を呼ぶ(来るように)		私は、その犬を呼ぶ
☐ **call** を呼び寄せる		私は、警察を呼ぶ
☐ **call** を呼ぶ(タクシーなど)		私は、彼にタクシーを呼んであげる
☐ **call** と呼ぶ		私は、彼を太郎と呼ぶ
☐ **call** 大きな声で呼ぶ		私は、下の階から大声で呼ぶ
☐ **call** に電話する		私は、あなたにあとで電話します
☐ **call** を呼んで起こす		明日の朝7時に私を起こしてください
☐ **call** を名づける		私は、その犬をポチと名づける
☐ **call** を招集する		私は、会議を招集する
☐ **call** と呼ぶ		私は、妻をハニーと呼ぶ

CALL…イディオム

I **call in** to the shop.

I **call at** his house.

I **call on** him.

I **call out** to the man.

I **call for** help.

I **call** my daughter **back** from her trip.

I **call off** the plan.

I **call** her **up**.

I'll **call** you **back** later.

Who's calling, please?

Who are you calling, please?

61

☐ **call in** 立ち寄る	私は、店に立ち寄る	
☐ **call at** を訪問する	私は、彼の家を訪問する	
☐ **call on** を訪問する	私は、彼を訪問する	
☐ **call out** 大声で叫ぶ	私は、その男に大声で叫ぶ	
☐ **call for ~** 大声で~を求める	私は、大声で助けを求める	
☐ **call ~ back** ~を呼び戻す	私は、娘を旅行から呼び戻す	
☐ **call off** を中止する	私は、その計画を中止する	
☐ **call ~ up** ~に電話をかける	私は、彼女に電話をかける	
☐ **call ~ back** ~に電話をかけ直す	私は、あとで電話をかけ直します	
☐ **Who's calling, please?** どちらさまですか	どちらさまですか？	
☐ **Who are you calling, please?** 誰に電話をかけているのですか？	誰に電話をおかけですか？	

THINK…基本&構文

I **think** so.

I don't **think** so.

Let me **think** a moment.

I **think that** she is an American.

I **think that** I'll tell her.

I **think that** you will marry her.

I **think** she is very beautiful.

I **think** it better to wait for a while.

I **think** I will go to the station.

I **can't think** why you married him.

Who do you think that man is?

62

☐	**think** と思う	私は、そう思う
☐	**think** と思う	私は、そうは思わない
☐	**think** 考える	ちょっと考えさせてください
☐	**think that ~** ~と思う	私は、彼女はアメリカ人だと思う
☐	**think that ~** ~と思う	私は、彼女に話をしようと思う
☐	**think that ~** ~と予想する	私は、あなたが彼女と結婚すると思う
☐	**think** と思う	私は、彼女がとても美しいと思う
☐	**think ~ …** ~を…と思う	私は、少し待ったほうがいいと思う
☐	**think** と思う	私は、駅に行こうと思っている
☐	**cannot think** をまったく考えることができない	私には、なぜあなたが彼と結婚したのか見当がつかない
☐	**Who do you think ~?** ~を誰だと思いますか	あなたは、あの男を誰だと思いますか？

THINK…イディオム

I **think of** my wife.

I **think** it **over**.

I **think about** my future.

I **think to myself**.

I **think much of** his work.

I **think little of** his work.

Don't **think ill of** me.

I **think of** invit**ing** her.

I can't **think of** anything to say.

I **think nothing of** go**ing** there.

I **never thought of** see**ing** you.

63

think of のことを考える	私は、妻のことを考える
think ~ over ~のことをよく考える	私は、そのことをよく考える
think about のことを考える	私は、私の未来について考える
think to oneself 心の中で思う	私は、心の中で思う
think much of を高く評価する	私は、彼の仕事を高く評価する
think little of を低く評価する	私は、彼の仕事を低く評価する
think ill of を悪く思う	私のことを悪く思わないでくれ
think of ~ing ~しようかと思う	私は、彼女を招待しようかと思う
think of を思いつく	私は、言うべきことが何も思いつかない
think nothing of ~ing ~することを何とも思っていない	私は、そこへ行くことを何とも思っていない
never think of ~ing ~しようとは夢にも思わない	私は、あなたに会うとは夢にも思っていなかった

KNOW…基本&構文

I **know** him very well.

I **know** him by name.

I **know about** him.

I **know all about** him.

I **know that** he is rich.

I **know why** he comes here.

I **know when** he is coming back.

I don't **know whether** he will come or not.

I **know how** to get to his place.

I **know what** to do.

I **know** good **from** evil.

64

☐ **know** を知っている	私は、彼をよく知っている
☐ **know** を知っている	私は、彼の名前だけ知っている
☐ **know about** のことを知っている	私は、彼について知っている
☐ **know all about** のことをすべて知っている	私は、彼のことなら何でも知っている
☐ **know that ~** ~ということを知っている	私は、彼が金持ちだということを知っている
☐ **know why ~** なぜ~なのかを知っている	私は、なぜ彼がここに来るのか知っている
☐ **know when ~** いつ~なのかを知っている	私は、彼がいつ帰るかを知っている
☐ **know whether ~** ~かどうかを知っている	私は、彼が来るかどうかを知らない
☐ **know how ~** どうやって~するのかを知っている	私は、彼の家に行く道を知っている
☐ **know what ~** 何を~すべきなのかを知っている	私は、何をしたらよいかを知っている
☐ **know ~ from …** ~と…を区別できる	私は、善悪の区別がつく

143

KNOW…イディオム

I knew it!

Who knows?

You never know.

You know something?

You know, I can't go today.

As you know, I love you.

I know better.

I know better than to marry him.

I've **become known** as a writer.

As far as I know, he is single.

I know my business.

65

☐ **I knew it!** そうすると思った	私は、必ずそうすると思った
☐ **Who knows?** 誰にもわからない	それは、誰にもわかりません
☐ **You never know.** 先のことはわからない	先のことはわかりません
☐ **You know something?** ちょっと話があります	ちょっと話があるのですが
☐ **you know** ええと	あのね、私は今日は行けません
☐ **as you know** あなたも知っているように	あなたも知っているように、私はあなたを愛している
☐ **know better** そんな馬鹿なことはしない	私は、そんな馬鹿なまねはしない
☐ **know better than to ~** ~するような馬鹿なまねはしない	私は、彼と結婚するような馬鹿なまねはしない
☐ **become known** 知られるようになる	私は、作家として知られるようになった
☐ **as far as I know** 私の知るかぎりでは	私の知るかぎりでは、彼は独身です
☐ **know one's business** やるべきことを心得ている	私は、自分のやるべきことは心得ている

145

RUN…基本

I **run** a mile.

I **run** a race.

I **run** a motor.

I **run** this machine.

I **run** a restaurant.

I **run** for President.

This bus **run**s between Tokyo and Nagoya.

This main road **run**s north and south.

This movie **run**s for a month.

This river **run**s through the city.

Tears **run** down my face.

66

☐ **run** 走る		私は、1マイル走る
☐ **run** をする (競走)		私は、競走する
☐ **run** を動かす		私は、モーターを動かす
☐ **run** を運転する		私は、この機械を運転する
☐ **run** を経営する		私は、レストランを経営する
☐ **run** 立候補する		私は、大統領に立候補する
☐ **run** 運行する		このバスは、東京と名古屋間を走る
☐ **run** 通じている		この大通りは、南北に通じている
☐ **run** 続く		この映画は、1ヵ月間続く
☐ **run** 流れる (川が)		この川は、市中を流れる
☐ **run** 流れる (液体が)		涙が、私の顔を流れ落ちる

147

RUN…イディオム①

I **run around**.

I **run up** the steps.

I **run down** the hill.

I **run across** the road.

I **run out** into the street.

I **run off**.

I **run away**.

I **run for it**.

I **run after** her.

I **run into** the train.

I **run back** to him.

67

☐ **run around** 走りまわる	私は、走りまわる
☐ **run up** を駆け上がる	私は、階段を駆け上がる
☐ **run down** を駆け降りる	私は、丘を駆け降りる
☐ **run across** を走って横切る	私は、道を走って横切る
☐ **run out** 走り出る	私は、通りに走り出る
☐ **run off** 走り去る	私は、走り去る
☐ **run away** 逃げる	私は、逃げる
☐ **run for it** いちもくさんに逃げる(口語)	私は、いちもくさんに逃げる
☐ **run after** を追いかける	私は、彼女を追いかける
☐ **run into** に駆け込む	私は、電車に駆け込む
☐ **run back** 駆け戻る	私は、彼のところに駆け戻る

RUN…イディオム②

I **run across** her in Kyoto.

I **run into** her on the bus.

I **run up to** her.

I **run around with** her.

I **run away with** her.

I **run through** the list.

I **run off** this pamphlet.

I **run out of** gas.

Time is **run**ning **out**.

The bus **run**s him **over**.

The car **run**s **into** the tree.

68

☐	**run across** にひょっこり出会う	私は、京都で彼女にひょっこり出会う
☐	**run into** に出くわす	私は、バスの中で彼女に出くわす
☐	**run up to** に駆け寄る	私は、彼女に駆け寄る
☐	**run around with** と遊びまわる (異性)	私は、彼女と遊びまわる
☐	**run away with** と駆け落ちする	私は、彼女と駆け落ちする
☐	**run through** にざっと目を通す	私は、リストにざっと目を通す
☐	**run off** をコピーする	私は、このパンフレットをコピーする
☐	**run out of** を切らす	私は、ガソリンを切らす
☐	**run out** 尽きる	時間が、なくなってきた
☐	**run ~ over** ~をひく (車が)	バスが、彼をひく
☐	**run into** に衝突する	車が、木に衝突する

151

TURN…基本&イディオム①

I **turn** a doorknob.

I **turn** the wheel.

I **turn** right.

I **turn** the next corner.

I **turn** a page.

I **turn** a pancake.

I **turn over** in bed.

I **turn** pale.

Let's **turn** before it's too late.

The rain **turn**s **into** snow.

Heat **turn**s ice **into** water.

69

☐ **turn** をまわす	私は、ドアのノブをまわす
☐ **turn** をまわす	私は、ハンドルをまわす
☐ **turn** を向く	私は、右を向く
☐ **turn** を曲がる	私は、次の角を曲がる
☐ **turn** をめくる	私は、ページをめくる
☐ **turn** を裏返す	私は、ホットケーキを裏返す
☐ **turn over** 寝返りを打つ	私は、ベッドで寝返りを打つ
☐ **turn** になる	私は、真っ青になる
☐ **turn** 引き返す	遅くならないうちに引き返そう
☐ **turn into** に変わる	雨は、雪になる
☐ **turn ~ into …** ~を…に変える	熱は、氷を水に変える

TURN…イディオム②

I **turn on** the TV.

I **turn on** the gas.

I **turn up** the stereo.

I **turn down** the radio.

I **turn down** the gas.

I **turn** the gas **out**.

I **turn off** the light.

I **turn off** the water.

I **turn around**.

I **turn back**.

I **turn** the egg **over**.

70

☐ **turn on** をつける（テレビ・明かりなど）	私は、テレビをつける
☐ **turn on** を出す（ガス・水道など）	私は、ガスをつける
☐ **turn up** を上げる（音量）	私は、ステレオの音量を上げる
☐ **turn down** を下げる（音量）	私は、ラジオの音量を下げる
☐ **turn down** を細くする（ガスの火）	私は、ガスの火を細くする
☐ **turn ~ out** ~を消す（火・ガスなど）	私は、ガスを消す
☐ **turn off** を消す（テレビ・明かりなど）	私は、明かりを消す
☐ **turn off** を止める（ガス・水道など）	私は、水道の水を止める
☐ **turn around** 振り向く	私は、振り向く
☐ **turn back** 引き返す	私は、引き返す
☐ **turn ~ over** ~をひっくり返す	私は、卵をひっくり返す

TURN…イディオム③

I **turn** the car **around**.

I **turn** the crowd **away**.

I **turn away** from the terrible sight.

I **turn to** her for help.

I **turn against** my boss.

I **turn down** the offer.

I **turn myself in**.

I **turn up** at the office.

I am **turn**ed **out** of the club.

The rumor **turn**ed **out** to be true.

The business **turn**ed **out** a success.

71

turn ~ around ~をまわす	私は、自動車の向きを変える
turn ~ away ~を追い払う	私は、群衆を追い払う
turn away 顔をそむける	私は、その恐ろしい光景から顔をそむける
turn to に頼る	私は、彼女の助けに頼る
turn against にそむく	私は、上司にそむく
turn down をはねつける	私は、申し出をはねつける
turn oneself in 自首する(口語)	私は、自首する
turn up ひょっこり姿を現す	私は、会社にひょっこり姿を現す
turn out を追い出す	私は、クラブから追い出される
turn out ~ ~であるとわかる	そのうわさは、本当だとわかった
turn out ~ ~となる	事業は、うまくいった

BREAK…基本

I **break** the window.

I **break** a glass.

I **break** a tree branch.

I **break** my arm.

I **break** my word.

I **break** the rule.

I **break** the record.

I **break** the silence.

I **break** a ten-dollar bill.

I **break** my journey.

Day **break**s.

72

☐ **break** を壊す	私は、窓を壊す
☐ **break** を割る	私は、コップを割る
☐ **break** を折る	私は、枝を折る
☐ **break** の骨を折る	私は、腕の骨を折る
☐ **break** を破る(約束)	私は、約束を破る
☐ **break** を破る(規則)	私は、規則を破る
☐ **break** を破る(記録)	私は、記録を破る
☐ **break** を破る(静けさ)	私は、静けさを破る
☐ **break** をくずす(お金)	私は、10ドル札をくずす
☐ **break** を中断する(旅行など)	私は、旅行を中断する
☐ **break** 明ける(夜が)	夜が、明ける

BREAK…イディオム

I **break into** laughter.

I **break with** her.

I **break down** the wall.

My car **breaks down**.

My health **breaks down**.

The burglar **breaks into** the house.

A fire **breaks out**.

The war **breaks out**.

Break it up.

Bob and Cathy **break up**.

The Beatles **broke up** in 1970.

73

☐ **break into ~** 突然~しだす	私は、突然笑いだす	
☐ **break with** と絶交する	私は、彼女と絶交する	
☐ **break down** を壊す	私は、壁を壊す	
☐ **breaks down** 故障する	私の車が、故障する	
☐ **break down** 害する	私は、健康を害する	
☐ **break into** に押し入る	泥棒が、その家に押し入る	
☐ **break out** 起こる(火事などが)	火事が、起こる	
☐ **break out** 急に起こる(戦争などが)	戦争が、勃発する	
☐ **Break it up.** やめろ(けんかを止めるときの決まり文句)	離れろ	
☐ **break up** 別れる	ボブとキャシーは、別れる	
☐ **break up** 解散する	ビートルズは、1970年に解散した	

SET…基本＆構文

The sun **set**s in the west.

I **set** the clock on the TV.

I **set** the TV in the corner.

I **set** the date of the meeting.

I **set** the alarm for 7 a.m.

I **set** the table for dinner.

I **set** my hair.

I **set** him free.

I **set** fire **to** the paper.

I **set** the price **of** the article.

I **set** the machine go**ing**.

74

☐ **set** 沈む(太陽・月が)		太陽は、西に沈む
☐ **set** を置く		私は、テレビの上に時計を置く
☐ **set** を据える		私は、角にテレビを据える
☐ **set** を定める(日時・決まりなど)		私は、会議の日を決める
☐ **set** を調節する		私は、目覚ましを7時にセットする
☐ **set** の用意をする		私は、夕食の用意をする
☐ **set** を整える		私は、髪をセットする
☐ **set** にする(ある状態)		私は、彼を自由にする
☐ **set ~ to …** …に~をつける		私は、紙に火をつける
☐ **set ~ of …** …に~をつける		私は、商品に値段をつける
☐ **set ~ing** ~の状態にする		私は、機械を動かす

SET…イディオム

I **set up** the sign.

I **set up** the hut.

I **set up** the tent.

I **set up** the hospital.

I **set up as** a baker.

I **set about** my work.

I **set to** work at once.

I **set off** on a trip.

I **set out** on a trip.

I **set** some money **aside** for my old age.

The rainy season has **set in**.

75

☐ **set up** を立てる	私は、看板を立てる	
☐ **set up** を建てる	私は、小屋を建てる	
☐ **set up** を張る	私は、テントを張る	
☐ **set up** を設立する(学校など)	私は、病院を建てる	
☐ **set up as ~** ~として独立する	私は、パン屋として独立する	
☐ **set about** に取りかかる	私は、仕事に取りかかる	
☐ **set to** を始める	私は、すぐに仕事を始める	
☐ **set off** 出発する	私は、旅行に出発する	
☐ **set out** 出発する	私は、旅行に出発する	
☐ **set ~ aside** ~を取っておく(お金など)	私は、老後のためにお金を取っておく	
☐ **set in** 始まる	梅雨が、始まった	

PLAY…基本①

I **play** tennis.

I **play** baseball.

I **play** catch.

I **play** the game.

I **play** first base.

I **play** cards.

I **play** chess.

I **play** tag.

I **play** hide-and-seek.

I **play** house.

I **play** cowboy.

76

□ **play** をする	私は、テニスをする
□ **play** をする	私は、野球をする
□ **play** をする	私は、キャッチボールをする
□ **play** をする	私は、試合をする
□ **play** をする	私は、一塁を守る
□ **play** をする	私は、トランプをする
□ **play** をする	私は、チェスをする
□ **play** をする	私は、鬼ごっこをする
□ **play** をする	私は、かくれんぼをする
□ **play** をする	私は、ままごとをする
□ **play** をする	私は、カウボーイごっこをする

PLAY…基本②&イディオム

I **play** in the park.

I **play the** piano.

I **play the** flute.

I **play** a sonata **on** the piano.

I **play** the CD.

I **play** the radio.

I **play** Hamlet.

I **play** fair.

I **play with** toys.

I **play with** my friend.

I **play with** a handkerchief.

77

☐ **play** 遊ぶ		私は、公園で遊ぶ
☐ **play the ~** ~を演奏する		私は、ピアノをひく
☐ **play the ~** ~を演奏する		私は、フルートを吹く
☐ **play ~ on …** …で~を演奏する		私は、ピアノでソナタをひく
☐ **play** をかける		私は、CDをかける
☐ **play** をかける		私は、ラジオをかける
☐ **play** を演じる		私は、ハムレットを演じる
☐ **play** のふるまいをする		私は、正々堂々とふるまう
☐ **play with** で遊ぶ		私は、おもちゃで遊ぶ
☐ **play with** と遊ぶ		私は、友達と遊ぶ
☐ **play with** をもてあそぶ		私は、ハンカチをもてあそぶ

ASK…基本&イディオム

I **ask** about the book.

May I **ask** your name?

I **ask** him a question.

I **ask** him **if** he knows me.

I **ask** him **how to** read the word.

I **ask** him **for** help.

I **ask** him **to** wait.

I **ask** her **to** the party.

I **ask for** advice.

I **ask after** you.

May I ask you a favor?

78

☐	**ask** 尋ねる	私は、その本について尋ねる
☐	**ask** 尋ねる	私は、あなたのお名前を聞いていいですか?
☐	**ask ~ …** ~に…を尋ねる	私は、彼に質問をする
☐	**ask ~ if …** ~に…かどうかを尋ねる	私は、彼に私を知っているか尋ねる
☐	**ask ~ how to …** ~にどう…するのか尋ねる	私は、彼にその字をどう読むのか尋ねる
☐	**ask ~ for …** ~に…を頼む	私は、彼に助けを頼む
☐	**ask ~ to …** ~に…してくださいと頼む	私は、彼に待ってくれと頼む
☐	**ask ~ to …** ~を…に招く	私は、彼女をパーティーに招く
☐	**ask for** を求める	私は、助言を求める
☐	**ask after** について尋ねる(健康など)	私は、あなたの様子を尋ねる
☐	**May I ask you a favor?** お願いがあります	お願いがあるのですが

171

HEAR…基本&イディオム

Can you **hear** me?

I **hear** a voice in the distance.

I **hear** her **call** my name.

I **hear** my son play**ing** the guitar.

I **hear**d the news this morning.

I **hear from** her.

Please **hear** me **out**.

I hear that he is going to America.

I've heard that story before.

Have you ever **hear**d **of** her?

I have **hear**d a lot **about** you.

79

☐	**hear** が聞こえる	あなたは、私の言っていることが聞こえますか？
☐	**hear** が聞こえる	私は、遠くから声が聞こえる
☐	**hear ~ +動詞の原形** ~が…するのが聞こえる	彼女が、私の名前を呼んでいるのが聞こえる
☐	**hear ~ …ing** ~が…しているのが聞こえる	私は、息子がギターをひいているのが聞こえる
☐	**hear** を耳にする	私は、今朝、そのニュースを耳にした
☐	**hear from** から手紙(電話)をもらう	私は、彼女から便りをもらう
☐	**hear ~ out** ~を最後まで聞く	最後まで聞いてください
☐	**I hear that ~** ~だそうだ	彼は、アメリカに行くそうだ
☐	**I've heard** を聞いたことがある	私は、その話を以前聞いたことがある
☐	**hear of** を耳にする	あなたは、彼女のことを耳にしたことがありますか？
☐	**hear about ~** ~について聞く	私は、あなたのことはよくうかがっています

FEEL…基本&イディオム

I **feel** a pain in my stomach.

I **feel** the house shake.

I **feel** that he loves me.

I **feel** happy.

How do you **feel**?

I **feel** very tired.

I **feel for** her.

I **feel for** the key in the bag.

I **feel like** cry**ing**.

It **feel**s **like** silk.

I **feel my way** to the door.

80

☐ **feel** を感じる		私は、胃に痛みを感じる
☐ **feel** を感じる		私は、家が揺れるのを感じる
☐ **feel** を感じる		私は、彼が私を愛するのを感じる
☐ **feel** と感じる		私は、幸せな気分です
☐ **feel** と感じる		気分はどうですか？
☐ **feel** と感じる		私は、とても疲れた感じです
☐ **feel for** に同情する		私は、彼女に同情する
☐ **feel for** を手さぐりで探す		私は、手さぐりでカバンの中の鍵を探す
☐ **feel like ~ing** ~したい気がする		私は、泣きたい気がする
☐ **feel like ~** 手ざわりが~のようだ		それは、絹のような手ざわりだ
☐ **feel one's way** 手さぐりで進む		私は、ドアのほうへ手さぐりで進む

LIKE…基本&イディオム

I **like** ice cream.

I **like to** swim.

I **like** go**ing** to the movies.

I **would like** you **to** go there.

I**'d like** a cup of coffee.

Would you like a cup of coffee?

Would you like to go there?

How do you like Japan?

Do **as you like**.

You may read it **if you like**.

I like that!

81

☐ **like** を好む	私は、アイスクリームが好きだ	
☐ **like to ~** ~することが好きだ	私は、泳ぐことが好きだ	
☐ **like ~ing** ~することが好きだ	私は、映画に行くことが好きだ	
☐ **would like ~ to …** ~に…してほしい	私は、あなたにそこへ行ってほしい	
☐ **would like** が欲しい	私は、コーヒーが欲しいのですが	
☐ **Would you like ~?** ~はいかがですか	コーヒーを1杯いかがですか？	
☐ **Would you like to ~?** ~をしたいですか	あなたは、そこへ行きたいですか？	
☐ **How do you like ~?** ~をどう思いますか	あなたは、日本をどう思いますか？	
☐ **as you like** 好きなように	あなたの好きなようにしなさい	
☐ **if you like** よろしかったら	よろしかったら、それを読んでもいいですよ	
☐ **I like that!** それはいい	それはいいですね！	

LET…基本&イディオム

I **let** him **go** there.

My daddy doesn't **let** me **go** to the movies.

Let me **try** again.

Let me **help** you with your work.

Let us pray.

Let me **know** by telephone.

Let the dog **go**.

Let me **see**.

Please **let** me **in**.

Don't **let** me **down**, please.

I **let down** the curtain.

82

☐ **let ~+動詞の原形** ~に…させる	私は、彼をそこへ行かせる
☐ **let ~+動詞の原形** ~に…させる	パパは、私を映画館に行かせてくれない
☐ **let ~+動詞の原形** ~に…させよ	もう一度私にやらせてください
☐ **let ~+動詞の原形** ~に…させよ	私に、仕事を手伝わせてください
☐ **let us(let's) +動詞の原形** ~しよう	お祈りしましょう
☐ **let ~ know** ~に知らせる	私に電話で知らせてください
☐ **let ~ go** ~を放す	犬を放してやれ
☐ **Let me see.** そうですね	ええと、そうですね
☐ **let~ in** ~を入れる	私を中に入れてください
☐ **let ~ down** ~を失望させる	私をがっかりさせないで
☐ **let down** を降ろす	私は、カーテンを降ろす

STOP…基本&イディオム

The car **stop**s.

I **stop** the car.

I **stop** the water.

I **stop** the fight.

I **stop** talk**ing**.

I **cannot stop** talk**ing**.

I **stop** smok**ing**.

I **stop to** smoke.

I **stop** him **from** com**ing** here.

I **stop at** this hotel.

I **stop by** her house.

83

☐ **stop** 止まる	車が、止まる
☐ **stop** を止める	私は、車を止める
☐ **stop** を止める(水道・ガスなど)	私は、水道の水を止める
☐ **stop** を止める	私は、ケンカを止める
☐ **stop ~ing** ~するのをやめる	私は、話すのをやめる
☐ **cannot stop ~ing** ~するのをやめられない	私は、話すのをやめられない
☐ **stop ~ing** ~するのをやめる	私は、タバコを吸うのをやめる
☐ **stop to ~** ~するために立ち止まる	私は、タバコを吸うために立ち止まる
☐ **stop ~ from …ing** ~が…するのをやめさせる	私は、彼がここに来るのをやめさせる
☐ **stop at** に泊まる	私は、このホテルに泊まる
☐ **stop by** に立ち寄る	私は、彼女の家に立ち寄る

SHOW…基本&イディオム

I **show** her a photo.

I **show** her into the room.

I **show** her the way to the station.

I **show** her how to play golf.

I **show** her kindness.

I **show** my painting at the gallery.

I **show** my idea to be true.

I **show** her **around**.

I **show off** my new ring.

I **show up** at the party.

The movie is **show**ing.

84

☐ **show** を見せる	私は、彼女に写真を見せる
☐ **show** を案内する	私は、彼女を部屋に案内する
☐ **show** を教える(いっしょについて)	私は、彼女に駅に行く道を教える
☐ **show** を教える	私は、彼女にゴルフのやり方を教える
☐ **show** を示す	私は、彼女に優しさを示す
☐ **show** を展示する	私は、絵をギャラリーに展示する
☐ **show** を証明する	私は、自分の考えが正しいことを証明する
☐ **show ~ around** ~を案内してまわる	私は、彼女を案内してまわる
☐ **show off** を見せびらかす	私は、新しい指輪を見せびらかす
☐ **show up** 姿を現す	私は、パーティーに姿を現す
☐ **show** 上映させる(口語)	その映画は、上映中です

HELP…基本&イディオム

I **help** my mother.

I **help** her up.

I **help** her **wash** the dishes.

Please **help** me **clean** the room.

I **help** him **with** his homework.

Please **help** me **with** the work.

I **cannot help** laugh**ing**.

I **cannot help but laugh**.

Help yourself to anything you like.

May I help you?

I **can**not **help** it.

85

☐ **help** を助ける		私は、母を助ける
☐ **help** を助ける		私は、彼女を助け起こす
☐ **help** ~+動詞の原形 ~が…するのを手伝う		私は、彼女が皿を洗うのを手伝う
☐ **help** ~+動詞の原形 ~が…するのを手伝う		部屋を掃除するのを手伝ってください
☐ **help ~ with …** ~の…を手伝う		私は、彼の宿題を手伝う
☐ **help ~ with …** ~の…を手伝う		その仕事を手伝ってください
☐ **cannot help ~ing** ~しないではいられない		私は、笑わないではいられない
☐ **cannot help but** +動詞の原形 ~しないではいられない		私は、笑わないではいられない
☐ **help oneself to** を自分で取って食べる		好きなものは何でも食べてください
☐ **May I help you?** お手伝いすることはありますか(店員が客に)		何かご用でしょうか？
☐ **can help** を避ける		私には、どうしようもない

185

STAND…基本&イディオム

I **stand** under the tree.

I **stand up**.

I **stand by** her.

The castle **stand**s on the hill.

The door **stand**s open.

I can't **stand** that noise.

I **stand** six feet.

No standing!

I **stand by** my friend.

The sign $ **stand**s **for** dollar.

The thermometer **stand**s **at** 10℃.

86

☐ **stand** 立つ	私は、木の下に立つ	
☐ **stand up** 立ち上がる	私は、立ち上がる	
☐ **stand by** のそばに立つ	私は、彼女のそばに立つ	
☐ **stand** ある(建物が)	その城は、丘の上にある	
☐ **stand** ある(ある状態に)	戸は、開いている	
☐ **stand** がまんする	私は、あの騒音にはがまんできない	
☐ **stand** ～ 身長が~ある	私は、身長が6フィートある	
☐ **No standing!** 駐車禁止	駐車禁止！	
☐ **stand by** に味方する	私は、友達の味方をする	
☐ **stand for** を表す	$の記号は、ドルを表す	
☐ **stand at** を示す(温度など)	温度計は、10度を示している	

187

FALL…基本&イディオム

I **fall** from the roof.

I **fall** into a hole.

I **fall** to the ground.

I **fall** over a stone.

I **fall** ill.

I **fall** asleep.

Prices **fall**.

The temperature **fall**s.

Snow is **fall**ing.

I **fall down** on the ice.

I **fall in love** with her.

87

☐ **fall** 落ちる	私は、屋根から落ちる
☐ **fall** 落ちる	私は、穴に落ちる
☐ **fall** 倒れる	私は、地面に倒れる
☐ **fall** 転ぶ	私は、石につまずいて転ぶ
☐ **fall** になる(ある状態)	私は、病気になる
☐ **fall** になる(ある状態)	私は、眠りこむ
☐ **fall** 下がる(物価が)	物価が、下がる
☐ **fall** 下がる(温度などが)	気温が、下がる
☐ **fall** 降る(進行形で)	雪が降っている
☐ **fall down** 転ぶ	私は、氷の上で転ぶ
☐ **fall in love** 恋に落ちる	私は、彼女と恋に落ちる

LEAVE…基本&イディオム

I **leave** Japan.

I **leave** home at seven.

I **leave** the basketball club.

I **leave** my umbrella on the bus.

I **leave** a message for her.

I **leave** him some food.

I **leave** the door open.

I **leave** everything to him.

I **leave for** America.

I **leave** a bag **behind**.

Leave me **alone**.

88

☐ **leave** を去る		私は、日本を去る
☐ **leave** を出る		私は、7時に家を出る
☐ **leave** をやめる(仕事など)		私は、バスケットクラブをやめる
☐ **leave** を置き忘れる		私は、傘をバスに置き忘れる
☐ **leave** を残す		私は、彼女に伝言を残す
☐ **leave ~ …** ~に…を残す		私は、彼に食べ物を少し残す
☐ **leave ~ …** ~を…のままにしておく		私は、ドアを開けっぱなしにする
☐ **leave** をまかせる		私は、すべてを彼にまかせる
☐ **leave for** に向けて出発する		私は、アメリカへ発つ
☐ **leave ~ behind** ~を置き忘れる		私は、カバンを置き忘れる
☐ **leave ~ alone** ~を一人にしておく		私を一人にしておいて

191

BRING…基本＆イディオム

Bring me the coat.

He **bring**s me a glass of water.

He **bring**s his wife to the party.

Love **bring**s us happiness.

This street **bring**s you to the station.

Earthquakes **bring about** a lot of damage.

I **bring up** my baby.

Please **bring down** the box from upstairs.

Please **bring back** my book.

My daddy **bring**s me **back** home.

My mom **bring**s **in** a birthday cake.

89

☐ **bring** を持ってくる	私に、コートを持ってきて
☐ **bring** を持ってくる	彼は、私にコップ1杯の水を持ってくる
☐ **bring** を連れてくる	彼は、妻をパーティーに連れてくる
☐ **bring** をもたらす	愛は、私たちに幸せをもたらす
☐ **bring** を導く	この道で駅に行ける
☐ **bring about** をもたらす	地震は、大変な損害をもたらす
☐ **bring up** を育てる	私は、赤ちゃんを育てる
☐ **bring down** を降ろす	その箱を2階から降ろしてください
☐ **bring back** を返す(持ち主に)	私の本を返してください
☐ **bring ～ back** ～を連れて帰る	パパは、私を家に連れて帰る
☐ **bring in** を中に入れる	ママは、バースデーケーキを持って入ってくる

CARRY…基本&イディオム

I **carry** the desk upstairs.

I **carry** my baby on my back.

I **carry** a handgun.

A jumbo jet can **carry** 500 passengers.

Rats **carry** many kinds of diseases.

These shops **carry** leather goods.

I **carry away** the baggage.

I **carry out** the plan.

I **carry on** the business.

I **carry** the matter **over** to tomorrow.

I **carry through with** the work.

90

☐ **carry** を運ぶ		私は机を2階に運ぶ
☐ **carry** を運ぶ		私は、赤ちゃんをおんぶして歩く
☐ **carry** を携帯する		私は、ピストルを携帯する
☐ **carry** を運ぶ		ジャンボジェット機は、500人の乗客を運ぶことができる
☐ **carry** を伝える(知らせ・病原菌など)		ネズミは、いろいろな病気を広げる
☐ **carry** を扱う(店が)		これらの店は、革製品を扱う
☐ **carry away** を持ち去る		私は、荷物を持ち去る
☐ **carry out** を実行する		私は、計画を実行する
☐ **carry on** を続ける(仕事など)		私は、事業を続ける
☐ **carry ~ over** ~を持ち越す(仕事など)		私は、その問題を明日に持ち越す
☐ **carry through with** をやりとげる		私は、仕事をやりとげる

CATCH…基本&イディオム

I **catch** the thief.

I **catch** his arm.

I **catch** the last train.

I **catch** a cold.

I **catch** your meaning.

I **catch** my coat on a nail.

I **catch** her eye.

The paper **catch**es fire.

I **catch** him smok**ing**.

I **catch up with** them.

I **am caught in** a shower.

91

☐ **catch** を捕まえる		私は、泥棒を捕まえる
☐ **catch** をつかむ		私は、彼の腕をつかむ
☐ **catch** に間に合う		私は、最終列車に間に合う
☐ **catch** にかかる (病気)		私は、風邪をひく
☐ **catch** を理解する		私は、あなたの言うことを理解する
☐ **catch** をひっかける		私は、コートを釘にひっかける
☐ **catch** を引く (注意・心など)		私は、彼女の目を引く
☐ **catch** つく (火が)		その紙に火がつく
☐ **catch ~ …ing** ~が…しているのを見つける		私は、彼がタバコを吸っているのを見つける
☐ **catch up with** に追いつく		私は、彼らに追いつく
☐ **be caught in** にあう (雨など)		私は、夕立にあう

CUT…基本&イディオム

I **cut** an apple in two.

I **cut** my nails.

I **cut** my finger with a knife.

I **cut** my living expenses.

I **cut** my speech.

I **cut** class.

I **cut down** the tree.

I **cut down** expenses.

I **cut in** line.

I **cut off** old branches.

Cut it out!

92

☐ **cut** を切る		私は、リンゴを二つに切る
☐ **cut** を切る		私は、爪を切る
☐ **cut** を切る		私は、ナイフで指を切る
☐ **cut** を切り詰める(費用など)		私は、生活費を切り詰める
☐ **cut** を短くする(記事・話など)		私は、話を短くする
☐ **cut** を欠席する(無断で)		私は、授業をサボる
☐ **cut down** を切り倒す		私は、木を切り倒す
☐ **cut down** を切り詰める		私は、経費を切り詰める
☐ **cut in** に割り込む		私は、列に割り込む
☐ **cut off** を切り取る		私は、古い枝を切り取る
☐ **Cut it out!** 黙れ(口語)		やめろ！

WRITE…基本&イディオム

I **write** my name.

I **write** a book.

I **write** him a letter.

I **write** in English.

I **write to** her.

I **write** her **that** I love her.

I **write** her **to** come home.

I **write** her **back**.

I **write in** my diary.

I **write down** her address.

I **write out** my name and address.

93

□ **write** を書く	私は、自分の名前を書く
□ **write** を書く	私は、本を書く
□ **write** を書く	私は、彼に手紙を書く
□ **write** 書く	私は、英語で書く
□ **write to** に手紙を書く	私は、彼女に手紙を書く
□ **write ~ that …** ~に…と手紙を書く	私は、彼女に愛していると手紙を書く
□ **write ~ to …** ~に…するように手紙を書く	私は、彼女に、家に来るように手紙を書く
□ **write ~ back** ~に返事を書く	私は、彼女に返事を書く
□ **write in** に書き込む	私は、日記に書き記す
□ **write down** を書きとめる	私は、彼女の住所を書きとめる
□ **write out** をくわしく書く	私は、自分の名前と住所をくわしく書く

LIVE…基本&イディオム

I **live** long.

I can't **live** without you.

I **live** to be 90.

I **live** in the country.

I **live** in an apartment.

I **live** happily.

I **live a** happy **life**.

I **live by** farming.

I **live by** the pen.

I **live on** rice.

I **live up to** his expectations.

94

☐ **live** 生きる		私は、長生きする
☐ **live** 生きる		私は、あなたなしでは生きられない
☐ **live** 生きながらえる		私は、90歳まで生き延びる
☐ **live** 住む		私は、田舎に住む
☐ **live** 住む		私は、アパートに住んでいる
☐ **live** 暮らす		私は、幸せに暮らす
☐ **live a ~ life** ~な生活をする		私は、幸せな生活をする
☐ **live by** によって生計を立てる		私は、農業をして生計を立てる
☐ **live by** によって生計を立てる		私は、文筆で生計を立てる
☐ **live on** を食べて生きる		私は、米を常食としている
☐ **live up to** に十分に添う(期待など)		私は、彼の期待に応える

リーディングチェックチャートに記入して、
　もう一度読み返してください。

ヤバいくらい使える
英会話 基本動詞 40

著 者	リック西尾
発行者	真船美保子
発行所	KKロングセラーズ
	東京都新宿区高田馬場 2-1-2　〒169-0075
	電話（03）3204-5161（代）　振替 00120-7-145737
	http://www.kklong.co.jp
印 刷	中央精版印刷　　製　本　難波製本

落丁・乱丁はお取り替えいたします。
※定価と発行日はカバーに表示してあります。
ISBN978-4-8454-5036-7　C0282　　　Printed In Japan 2017